爱与柔情的本质

女性觉醒下的婚恋观察

火养 著

中国经济出版社
CHINA ECONOMIC PUBLISHING HOUSE
·北 京·

图书在版编目（CIP）数据

爱与柔情的本质 ：女性觉醒下的婚恋观察 / 火养著.

北京 ：中国经济出版社，2025. 5（2025. 8 重印）

ISBN 978-7-5136-8230-5

Ⅰ. C913.13

中国国家版本馆 CIP 数据核字第 202575BK79 号

策划编辑　崔姜薇

责任编辑　黄傲寒

文字编辑　张瑛琪

责任印制　李　伟

封面设计　任燕飞装帧设计工作室

插　　画　赵丽宸

出版发行　中国经济出版社

印 刷 者　天津嘉恒印务有限公司

经 销 者　各地新华书店

开　　本　880mm × 1230mm　1/32

印　　张　8.375

字　　数　147 千字

版　　次　2025 年 5 月第 1 版

印　　次　2025 年 8 月第 2 次

定　　价　59.00 元

广告经营许可证　京西工商广字第 8179 号

中国经济出版社　**网址** http://epc.sinopec.com/epc/　**社址** 北京市东城区安定门外大街 58 号　**邮编** 100011

本版图书如存在印装质量问题，请与本社销售中心联系调换（联系电话：010-57512564）

目 录 | CONTENTS

PART 1

我是火养

PART 2

情爱秘辛

CONTENTS

目录

PART 3

情欲如诗

PART 4

爱与能量

PART 1

我是火养

第一篇
火养，那个睡在时间里的人

编前语：这是我发在公众号里的第一篇文章，如今，九年时光悄然流逝，回首再看，它恰似一篇激昂的出发宣言。那时，公众号的名字叫“睡在时间里的人”，恰好也是这篇文章的标题。后来，我沉浸于心理学知识的海洋，再次审视自己一路走来的历程，越发觉得这篇文章像是一次觉醒的宣告。我渴望摆脱浑浑噩噩，不愿再做那个“睡在时间里的人”。同时，我也由衷感谢这些年努力的自己，正因如此，“火养”这个名字才得以被更多人知晓。每至公众号周年之际，我总会撰写一篇文章，用以纪念这个特殊的日子。于是，便有了《火养，两年》《火养，三年》《火养，四年》等一系列文章。

突然之间，我无可救药地爱上了诗歌，内心仿佛有千言万语，如潮水般涌动，迫切想要倾诉。一些意外的遭遇，让我深切意识到，是时候去做自己真正热爱的事情了。而我钟爱的事，便是写字。所以，我萌生出开一个公众号的想法，权当是为自己的时光留下些记录。在这里，我只想展现最真实的自己，打造一个能自由表达心声的空间，倘若还能与你产生共鸣，那便再好不过了。

毕业于中文系已十多年，我深感庆幸的是，自己始终坚持着阅读的习惯，未曾改变。虽说阅读量不算多，但好歹这份热爱从未被搁置，初心依旧。然而，在这偌大的世界里，又有谁能与我一同畅谈诗歌呢？爱上诗歌，就如同在不经意间，为自己开启了一扇全新的大门。我清楚，自己已然深深陷入其中，既然如此，那就尽情阅读吧。在诗歌的天地里，我惊喜地发现了时间的奥秘。正如塞尔努达在《致未来的诗人》中所写："今生一切都是时间的问题，一种时间因其漫长阔大。"

在这个情怀常常沦为商品、任何话题最终都与利益挂钩的时代，我只愿每天能给自己留出一两个小时的时间，沉浸在诗歌的世界里。我不在乎文章是否能获得十万加的阅读量，不追逐热点话题，亦不被尘世的喧嚣干扰。里尔克曾言——"如若尘世将你遗忘，对沉静的大地说：我流动。对迅疾的流水言：我在。"我羡慕那些诗人，他们能用最凝练的语言，勾勒出这个世界的模样，洞察匆忙人群背后隐藏的诗意。他们宛如冷静的旁观者，看着无数人在生活的轨道上奔波，涌入地铁、公交、写字楼，而诗人则静静伫立一旁，记录着时间的轨迹与这个世界的变迁。

我的童年悠长，少年时光同样漫长，如今，青春仍在延续，我也依旧在寻觅属于自己的诗句。倘若当初我未曾离开农村，或许根本不会知晓拉金、劳伦斯、卡瓦菲斯、辛波斯卡、聂鲁达等一众诗人的存在。是他们那些优美动人的诗句，让我得以重新认识这个世界。他们让我明白，日常生活中处处有诗意，在时间的长河里，我们每个人都有可能成为诗人。我们在时间的洪流中辗转前行，孩童的欢声笑语、老人的孤独落寞、林立的高楼大厦、寻常的街巷小路，无一不让我联想到时间的流转。

我不愿再让时间白白流逝，却未留下丝毫痕迹；也不想日复一日、年复一年地度过，最终时间未能给予我更多美妙的诗句或深刻的体验。所以，就在今天，我毅然决定，要用文字记录时间，记录自己的过去、现在与未来，记录我所能触及的这个世界。或许是一首短小精悍的诗歌，或许是一段有感而发的文字，也可能是一篇饱含深情的回忆文章，甚至只是简单的一句话。无论形式如何，我已然迈出了这关键的一步，我决心不再做那个“睡在时间里的人”。

第二篇 火养，两年

01

两年前的一个夜晚，我注册了这个公众号，并发出了第一篇推文——《睡在时间里的人》，那也是我当时公众号的名字。

那时的我，真的不知道自己能坚持写作多久。只觉得过去的日子太过闲散，总得找点事做。有那么两年多，孩子尚小，每晚我都陪着他，晚上九点多准时入睡，早上六七点起床，生活比老年人还规律。工作不算忙碌，收入不多不少，在这座城市倒也足够维持生活。时间就这样悄然流逝，而我害怕自己也在这无声无息中被消磨，于是选用了“睡在时间里的人”这个名字，感觉那些年仿佛真的在时间长河里沉睡。我心里实在没底，不知道自己在写作之路上能走多远。作家柏邦妮说过：“人世间的诸多事情，从来都不是想好之后才去做的。”写作亦是如此，很多人说想写东西，却纠结于没确定好写什么，其实这大可不必。写作就如同在夜间开车，我们的车灯只能照亮前方两三米的路，其余地方皆是黑暗，但仅这两三米的光亮就已足够，我们照样能够驶完全程。我们要做的，便是相信自己，相信这辆车，相信这束光。而我，愿意相信那束光。

02

我从未想过这个公众号会吸引这么多读者。就像小时候在村里，我怎么也想象不到，有一天自己会站在地中海边，看着比基尼女郎晒太阳，更想不到有朝一日会专门撰写两性和情感方面的内容。命运的际遇实在难以捉摸。

其实早期，我写过不少关于故乡的文字。在那座仅有两百多人的小村庄，时间仿佛只是轻轻拂过，都市里的这些爱恨情仇，与我那时的生活简直是天壤之别。命运难以捉摸，但性格却能在一定程度上决定我们前行的方向。正如我这样一个不合时宜的人，天性较为温和，既不喜欢热闹喧嚣，也不倾向于极端，不会随波逐流，可也并非愤世嫉俗，不会为难他人，但坚守着自己的原则。

我觉得自己适合成为一个温暖的树洞。正因如此，我收到了众多读者的来信。情感问题向来错综复杂，本就没有标准答案。文字或许给不出具体答案，却蕴含着独特的力量。我深信，好的文字拥有一种让人内心平静的力量。归根结底，文字反映的是一个人的性格、格局与内心。倘若想让读者感受到这种力量，那自己的内心首先得充满力量。写了这么多文章，其实最能体现我观点的是这篇：《我爱你，可是我不能止步不前》。我欣赏那些永不止步、不断进取的灵魂。

公众号创立两周年，除了拥有你们这些亲爱的读者，我最大的收获来自阅读过的那些书籍。上次搬家时，整整打包了二十多箱书，其中绝大部分都是在这两年购置的，每年买书的花费有一万多元。当然，很多书买了之后还没来得及读完。但我清楚，自己已经踏上了不断前行的道路，不会再原地踏步。我对自己说，要认真读上四五年书，就当是重新在大学中文系学习一遍。我依旧是那个为了改变命运而努力读书的少年。

03

每次读者对我赞誉有加，好奇我究竟是怎样一个人，能把事情看得如此透彻时，我通常会回答：路人甲。我在这座城市过着再普通不过的生活，乘坐公交、地铁时，可以轻易将自己隐匿其中，观察身边的每一个细微之处。我对婚姻、感情，对男人、女人、孩子，都有着真实的困惑与思考，也正因如此，才能够真正理解和接纳许多事情。我爱孩子，所以深知有孩子和没孩子的婚姻是截然不同的两种状态。我理解婚姻中的疲惫，以及各种价值观的冲突，明白每个家庭的无奈与牵挂，也懂得每种感情产生的偶然与必然。所以，我能够理解许多复杂的情感局面。

性，一半关乎生理，一半关乎心理。若只谈爱，否定人的本能欲望，容易将爱过度理想化；而若只谈性，忽略爱的部分，又容易让人陷入虚无。只有坦诚地面对自己身体的欲望和内心的需求，我们才能更好地理解各种感情的产生及其背后的困惑。

我的“树洞”里躺着上千封邮件，里面是形形色色的故事，展现出多种多样的人生，这些我自己不可能全部亲身经历。感谢大家的信任，让我得以见识如此丰富多彩的人间百态。我不知道你们是谁，你们就如同我在公交、地铁、公园里看到的每一个陌生人一样。有些信件，或许会永远留在我这里。很多人发来邮件，并非寻求答案，因为她们内心其实已有答案，只是需要一个地方倾诉、需要被接纳。正如东野圭吾在《解忧杂货店》中所说：“咨询的人心里已经有了答案，来咨询只是想确认自己的决定是对的。”

我不知道你们的名字，不了解你们身处哪座城市、从事什么工作。很多人看到的是我的生活，我更希望大家看到我的内心。如果不是内心处于混乱、不知所措的状态，我相信你们也不会给我来信。所以我每次都会说，没关系的，事情还没糟糕到无法挽回的地步。

04

上次搬家时，我翻出了以前参加各类活动的证件，几十块挂牌，涉及体育、娱乐、文化、旅游、美酒、美食等多个行业。我曾亲历许多热闹非凡的场合，甚至连世界小姐总决赛这样的活动都去过，也有幸结识了一些人。有一次见到蔡澜时，他说的一句话让我印象极为深刻，他说："我写第一篇文章的时候，编辑就跟我说，蔡澜，你可以靠写作谋生，因为你这个人很真实。"作为一名在各种单位、大型企业工作了十多年的人，只要稍微机灵点，都能学会察言观色这项本领。更何况，我的工作大部分时间都在与人打交道。

所谓"见天地，见众生，见自己"。见天地，这些年也算去过不少地方；见众生，也接触过形形色色的人；如今是时候好好审视自己了。就像《瓦尔登湖》中所写："如果把你的目光直接朝内看，就会发现，在你的思想中有一千个领域尚未被发现。"所以，我最想做的事，依旧是认真读书。曾有读者问我，为何能坚持写作，并坚持读书。我说，是为了追求自由。卢梭说："人生而自由，却无时无刻不在枷锁之中。"至少在读书的时候，我能感受到自由；写作的时候，我也是自由的。倘若我真的能写得足够出色，拥有足够多的读者，或许还能实现经济上的相对自由。自由，才是人生中最珍贵的东西。伍尔夫在《一间自己的屋子》中提到："不必行色匆匆，不必光芒四射，不必成为别人，只需做自己。"

05

这两年，我写了将近四百篇文章，质量有高有低，阅读量也时高时低。最多的那个月，我写了三十篇文章，除了在自己的公众号更新了二十多篇，还为其他公众号写了四五篇，同时也没耽误上班、接送孩子以及读书。翻看以前的文章，能明显感觉到自己心境的变化。"时间是改变的力量，但时钟模仿了时间，却没任何改变。"我很喜欢泰戈尔的这句话。我相信时间的力量。我想用更长的时间，持续不断地阅读，让自己的内心变得更强大，将力量一点一点积蓄在心底。

我期望通过文字、通过与大家在"树洞"中的交流以及其他方式，让读者感受到这种力量。至于能做到什么程度、能在这条路上走多远，本来就不是我能完全掌控的事情，就如同任何一段感情的开始与结束，只有时间才知晓答案。有一次，我站在这座城市 72 层的高楼之上，俯瞰着灯火辉煌、繁华热闹的世界，突然想起自己写过的一句话：

“高楼大厦终将坍塌不知所踪，而人心永远跳跃。”

世界分为我们看到的世界和我们感受到的世界。内心细腻、善于观察的人，感受到的东西肯定与众不同，而我恰好是那种比较敏感的人。就像在《朴树痛哭：有的人就是活得敏感又孤独》一文中所写：“宽容又坚韧，敏感又孤独，自由又温和。”所以，我喜爱阅读诗歌，因为它能让我始终保持对这个世界的敏锐感知。我向往最简单的生活，这些年，上班、打球、读书、写作、陪伴孩子，偶尔也会感到颓废、沮丧，但很快就能调整好心态，回归到简单自由的生活状态。正如梭罗在《瓦尔登湖》中所说：“简单的生活，永远是最好的生活。”

感谢这个时代，感谢微信，感谢手机阅读，让我这样一个平凡的路人甲，也能与这么多人相遇、交流。与其说是你们关注了我，我更愿意相信这是一种奇妙的机缘。作家苇岸说：“在我之前，这个世界上生活过无数的人，在我之后，这个世界上还将有无数的人生活；在人类的绵延中，我为什么就与我同时代的这些人相遇，并生活在一起了呢？我不用偶然来看这个问题，我把它视为一种亲缘。”我们能够生活在同一个时代、同一个时间段、同一个国家，这就是一种难得的缘分。很多次在异国他乡时，我与身边的人仿佛处于不同的时空，彼此毫无关联。

在《这篇不断重组的人生，哪一段时间会遇见你？》

一文中，我引用了这样一段话："现在所走的这条路留给将来某个时刻怀念就好，将来的某个时候或许我会怀念现在所走的这条路。那个时候你一定要在。那个时候我一定要在。这样我会很开心。拜托了，我很开心。请多关照。"

我是火养，以后还请大家多多关照。

第三篇
火养，三年

摘要：有人可以陪你吃饭；有人可以陪你看电影；有人可以陪你逛街；有人可以陪你欢笑；有人可以陪你做爱。但是在这里，有人陪你感受孤独，陪你痛哭流涕，陪你熬过无数个黑暗的夜晚，陪你走出人生的低谷。这世上，唯有悲伤不会撒谎。

三年前的那个晚上，我注册了我的公众号，发布了第一篇文章《睡在时间里的人》，并选用"火养"作为日后长期发文的笔名。很多读者问过我同一个问题：为什么叫"火养"？

我回答，因为从小家里人就这么称呼我。最初我想开个公众号，纯粹是想寻找一个表达自我的出口，同时又不想让同事知晓，所以公众号的名字、我的笔名都是全新且陌生的。即便同事看到文章，也不会知道是我写的。

开通公众号时，我给自己定了个任务：无论写什么内容，如果我能坚持日更一个月，那就说明我可以持续创作下去；要是只能坚持一周或者半个月，就意味着我写不下去、没东西可写，这表明我不适合运营公众号，我可以选择自娱自乐，或者干脆放弃。

就这样，我坚持了三年。

这三年间，我自身发生了太多的变化。当然，还有越来越多的人知晓了“火养”这个名字。以前，可能只有我们村里那几百人知道这个称呼。我们村很小，外地人很难听懂当地的方言，会说的人更是寥寥无几。整个地球上，能听懂且会说我们村方言的人，大概不会超过 5000 人。

吴宇森导演的一部电影叫《风语者》，讲的是第二次世界大战期间，美国的谍报系统被日本破译和监听。为防止被监听，美国部队从非洲一些极为落后的地方招募了几十人，用他们当地的语言来传递情报。这样，即使日本人听到他们的对话，也完全不明白他们在说什么。他们成为美军中的“风语者”。我就属于那种能当“风语者”的人。上大学时，我和宿舍同学打过一个赌。我当着他们的面给我妈打电话，我用家乡话说上一分钟，如果他们能猜出我说的任何一个字，我就请他们吃饭。结果，他们没能吃上这顿饭。

“火养”是父母给我的名字，我自然不能辜负。好在这三年，我也未曾辜负这个名字。当然，我的本名也很不错，拼音是“zhenfa”，可以读成“真发”，寓意着真正发财，想必谁都会喜欢真正发财，所以我的本名也很讨人喜欢。

三年其实是一段很短的时间。我曾思考，写什么样的内容来做总结，最后还是用了“火养，三年”这个标题。

人生很短，几十年转瞬即逝，那些过往仿佛就在眼前，却已然成为真正的历史。人生又很长，长到无论何时我们都可以重新开始。以前我觉得35岁就已经很老了，但现在发现这个年龄其实很美好，可以重新出发。以前认为到40岁就真的什么都不困惑了，可如今快到这个年龄时，才发觉无论是身体状态还是思想状态，都比20多岁时更佳。

“人生如逆旅，我亦是行人。”在我的树洞里，躺着太多被各种事情牵扯、桎梏，进而感觉人生无望的人发来的邮件。尤其是女性，在面对一段难以摆脱且自己又没有太多选择的婚姻时，那种感受就如同，你知道自己正在不断地沉入海底，一点一点地往下沉，你想挣扎几下，可双脚却完全使不上力气，怎么蹬都还是在往下沉。

如果你真的有勇气，就可以让自己重新来过。有些事情是你自己想象得太过艰难，要是你能果敢一些，下沉的概率就会更小。我写了很多关于两性关系、婚姻的文字，其中很多内容看似胡说八道、天马行空，但实际上，我始终遵循着一条最基本的原则，至少是我自己认定的原则：尊重个体的自由，鼓励个体的发展，尊重个人最真实的感受。

这种对个体本身的尊重，其实与我们普遍的世俗观念，以及要遵循的诸多道德逻辑存在冲突。因为一旦涉及婚姻和情感，我们最先想到的往往不是个人，而是家族、世俗眼光、孩子，以及一大堆与之相关的复杂因素。

我们每个人去爱、去体验、去经历，都是基于自己的感受。每个人既如此独特，又如此相似。

正是因为对个体有这样的关注和兴趣，我才有极大的耐心和毅力去阅读和回复那么多树洞来信。因为每一封来信的背后，都是一个独特的个体，而不是一个简单的符号。

在这三年的写作过程中，我受到过很多赞誉，当然也遭遇过不少争议和辱骂。这本来就是一个写作者必须承担的事情。

我深知孤独是什么滋味，也明白爱而不得会让一个人情绪产生多大的波动。我能真切感受到那种情绪跌入谷底的沮丧，也能体会到见到某个人时发自内心的喜悦。

所以，我给自己想了一句广告词：有人可以陪你吃饭；有人可以陪你看电影；有人可以陪你逛街；有人可以陪你欢笑；有人可以陪你做爱。但是在这里，有人陪你感受孤独，陪你痛哭流涕，陪你熬过无数个黑暗的夜晚，陪你走出人生低谷。这世上，唯有悲伤不会撒谎。

我在这里写过太多关于孤独的文字，当然也有很多关于爱而不得的内容。不过，等你们走过了那段艰难的时光，或许就不再需要这里了。因为人会成长、会改变，会投身于更重要的事情，会告诫自己要往前跑、不要有太多牵绊。所以，“火养”这个公众号，可能也是你们流浪过的一个地方。当然，“火养”也只是一个符号，倘若某天消失了，也就消失了。就像有些人留言说：“火养，谢谢你在那段时间陪伴我。”

某个深夜，我闲来无事翻阅以前的文章，查看以前的留言，发现很多当初留言很积极的人，已经取消了关注，悄无声息地离开了。这就如同很多爱情，无疾而终，没有激烈的争吵，也不曾有深入的交流，只是缘分到了尽头，仿佛从未爱过一样。

原来，最痛苦的事情并非爱而不得，而是你明明投入了许多情绪，却好像从未真正爱过。有时候，我很想哭，不是那种嚎啕大哭，而是因命运无常而发出的抽泣。

“此刻有谁在世上的某处哭，无缘无故地在世上哭，哭我。此刻有谁在夜里的某处笑，无缘无故地在夜里笑，笑我。此刻有谁在世上的某处走，无缘无故地在世上走，走向我。此刻有谁在世上的某处死，无缘无故地在世上死，望着我。”

——里尔克《严肃的时刻》

在我公众号的第一篇文章里，我就提到，因为我读过很多诗歌，所以想通过开公众号来表达自己。在很长一段时间里，我都会在文章结尾附一首诗歌。后来，我干脆把每天的诗歌放在后台，读者回复一句“晚安”，就能收到一首诗歌，我坚持这样做了一年多。

这其实只是一个简单的仪式，就如同我从未忘记自己是因为热爱诗歌才想开公众号一样。因为阅读诗歌，我知晓了好的文字应该是什么样的。所以，无论这里有多少阅读量、有多少读者，我对文字始终保持着谦卑的态度，这一点不会改变。

芥川龙之介说：“人生不如波德莱尔的一行诗。”这话当然有夸张的成分，但从文字的角度来看，诗歌才是真正的文字圣殿。我以前也在文章中写过，能让我迅速获得平静的方法，就是阅读诗歌。

“在悄悄绝望的时刻，感到无可安慰，我便让自己脱离野心的激流，伸手去拿一本诗集，并立即意识到我们周遭无尽的丰富性，感到能够沉浸在这样一个世界中的人生是有尊严的人生。于是我感到宽慰。”

——伊朗诗人、电影大师阿巴斯

树洞里丰富的情感与我阅读的诗歌，当然还有对心理学的探索，在我这里得到了很好的融合。树洞让我了解到这个世界上情感的丰富多样，诗歌让我领略到精神的丰富内涵，而心理学让我洞察人心的复杂。这些丰富性，让我能够更好地去探索这个世界。

我在写作的这三年中获得的最好礼物，就是自由。我终于不再受一份工作的束缚，在我想要摆脱那份工作的时候，我实现了自由。写作，是我在这世上的另一种行走方式，是我享受人生仅有的一点自由的途径。正是因为这份自由如此美好，我才能够承受生命中那么多的痛苦、压力和束缚。我一路走了过来，并且打算一直走下去，去探寻那个叫作生命的东西的尽头到底有些什么。等到即将死去的那天，我回想起这辈子，爱了自己想爱的人，走过自己想走的路，做过自己想做的事，即便没有什么了不起的成就，也算尽情享受过这平凡人生中仅有的自由。这份自由虽然微小，却也足够让人无悔了吧。

我珍惜自己这份小小的自由，遵从自己的内心继续写下去。某天，当生命走到尽头，对于“火养”这个名字，我想我不会辜负它。

在公众号开通一周年和两周年的时候，我都写过相关的文章——《开号一周年：遇见你，是我此生最开心事》《性，一半生理，一半心理》，还发布过个人照片。到了第三年，我就不放照片了，因为发现第三年的自己变帅了很多。

这三年，我做过太多的事情，尤其是与读者的互动。我回复了那么多邮件，也接过几百个咨询电话。我也不确定这些是否有成效。我还写过很多段子。我也想让自己严肃一点，但始终改变不了带点搞笑的风格。前段时间，我在朋友圈写过一条段子，算是给自己这些年做的事情做了个总结：我帮人写过情书，润色过男人要发给女人的文字；也帮助被威胁的女性写过义正词严的警告信；接纳过电话那头无声的哭泣；也帮很多人戒掉了婚外情的“毒”；对于发现另一半有婚外情该怎么办，给出过很多建议；还有一次接到紧急求助，帮忙应对威胁。最近接了一个活儿，要我写一段文字，骂那个到处拈花惹草、从不讲信义，还到处炫耀的男人。我写了很长一段文字，骂得那叫一个痛快，完全不带脏字，却句句切中要害，原来我还隐藏着这么厉害的骂人本领。

三年不过是一个节点，就像我两周年时写的那篇总结文章一样，我也不确定自己在接下来的一年能否写得更多更好。但我想，未来的三年，我应该会写得更好。因为我总感觉自己才刚刚起步。谢谢你们爱我，谢谢你们关注我。

在为两周年写的文章中，我引用了这样一段话：“现在所走的这条路留给将来某个时刻怀念就好，将来的某个时候或许我会怀念现在所走的这条路。那个时候你一定要在。那个时候我一定要在。这样我会很开心。拜托了，我很开心。请多关照。”

我是火养，请多关照。

第四篇
火养，四年

摘要：著名摄影师严明写有一本书，名为《我爱这哭不出来的浪漫》。树洞中无数充满痛苦的邮件，就像是对这个名字的生动注解：那是哭不出来的浪漫。

01

有一次坐飞机，途中翻阅了飞机上的杂志，杂志里有我的名字，还有那些熟悉的面孔。恍然间，我已离开一年多了。没错，是运营公众号促使我辞去了原来的工作。

回首这四年，写作给我带来的改变可谓翻天覆地。如今回头去看自己写的第一篇文章——《睡在时间里的人》，仍能真切感受到当初敲下那些字时的心情。

在深夜，人的思绪总是格外活跃，常常会想人生不该如此，需要做出改变，应该折腾点什么。那篇文章，就诞生于我想要改变日复一日平淡生活的瞬间。那时我还未满36岁。

后来，我的树洞收到了大量来信。许多在这个年龄段的人，对婚姻、感情、事业以及个人未来感到迷茫，开始重新思考人生、寻找自我价值、定义自己，甚至踏上新的征程。他们在邮件中深刻反省，那些只有当事人自己能体会的孤独、难受、对现实的不甘心，以及找不到更好出路的无奈，在树洞里反复出现。我也会想起自己挣扎的那些日子，所以很能理解他们的心情。

因为那是一段要么让自己重生，要么彻底沉沦的时期。这一阶段比青春时的迷茫更让人抓狂，也更具破坏性。

婚姻和情感看似容易写，谁都能发表些看法，但并非谁都能写好。不要只看鸡汤文怎么说，只有你真正怀疑过、思考过、挣扎过、痛苦过、蜕变过，才能洞察其中的本质。

我在火养自留地的一篇文章里写过这样一段话："你内心必须足够柔软，才有可能理解树洞里那些脆弱的情感；你必须足够坚强，才能接纳树洞里的种种情绪；你又必须足够强大，才有可能化解长年累月积累下来的负面情绪；你必须足够克制，才有可能始终保持对屏幕另一端倾诉者的好奇。你必须具备所有特质，才能理解一切。”正如阿方斯娜·斯托尔妮的几句诗（汪天艾译）：“我理解一切，因为我是一切，夜晚、暗影、生命、静默、平和以及爱。”

02

我常常说，树洞里的故事丰富了我的人生。今年，这种感受越发真切。最直观的体现，便是我对经典小说、世界名著《安娜·卡列尼娜》有了全新的理解。

这本书我读了三遍。第一遍是在大学时期，那时懵懵懂懂，只了解故事的大概。第二遍是在 2017 年，我做了些读书笔记，对书中人物的理解也更深刻了些。而第三遍，则是在 6 月之后。在火养自留地这个公众号里，我时常撰写一些对两性经典书籍的介绍与推荐。当时我就想着，要不认真解读一次《安娜·卡列尼娜》吧。于是，我写了十多篇解读文章：从安娜脸上的情欲（文章：《被压抑的情欲》）到安娜的哥哥出轨后的心理（文章：《有婚外情的男人和没婚外情的男人交谈》），再到伏伦斯基为何能追到安娜（文章：《浪子的深情，贵妇沦陷》）；从安娜为何会有婚外情（文章：《安娜为什么会出轨》）到安娜和伏伦斯基在一起后矛盾重重的原因（文章：《婚外情在一起后，什么最重要》），再到安娜最终选择轻生的缘由（文章：《女人婚外情的困境》）；等等。每一部分，我都能将其与树洞里的故事进行对比。书中的每一处心理描写、每一个细节，几乎都能在树洞故事里找到相似的影子。

现实中的故事与世界名著里的故事，在树洞里完美交融。如果我没有阅读过这么多树洞故事，仅仅阅读小说本身，我确信自己无法理解得如此深刻。

我相信，这里呈现的故事，同样也在丰富着读者们的人生。尤其是那些允许公开且写得极为精彩的人生故事，我坚信它们能给许多人带来诸多启发。因为那是讲述者用自己的生命、血泪教训呈现出来的故事。

特别是那篇《婚外情八年，看透了这些事》。情爱的事，唯有亲身经历，才会明白原来这些故事和情绪都是真实存在的，也才知道要修炼到淡然处之的境界，并非易事。

03

我回复过一封篇幅很长的树洞来信，在我的回复中有这样一句话：这是一个普通女人的史诗。

的确，在树洞故事里，有太多这样的例子，它们就是普通女人的史诗。她们一生的情爱、折腾与痛苦，都在这些故事中得以呈现。我觉得这份工作特别有意思的地方在于，在阅读这些故事的过程中，我变得越来越平和，也对人的内心世界、每个人潜藏的能量，以及那些不为人知的故事，有了更深入的了解。

就像在机场，你会看到行色匆匆的人们，你无从知晓他们是在赶回家中，还是在奔赴一场约会，又或是为了满足某种欲望而来。但无论出于何种目的，只要人在流动、欲望在释放，就会滋生出无数这样的故事。而我，就如同一个旁观者，观察、记录并回复着这些故事。

昨天读书时，我读到了“仁慈的好奇心”这个词，我觉得用它来解读树洞故事再贴切不过了。你必须怀有足够的好奇心，才会不断去阅读那些故事；但同时，又必须保持仁慈，尽量减少批判。作为写作者的我，只有遵循这个原则，才能在这条路上走得更远。

“每个生命所需的东西似乎都与其智慧成正比。可一无所有的才子，如果他的整个灵魂充满智慧，难道不应比只有本能的野蛮人分到更多的东西吗？不过，他还是多得了某个东西：一颗用来感受痛苦和欢乐，尤其是用来爱的心。”

——普吕多姆

那些树洞故事的背后，是一颗颗鲜活跳动的心，它们在感受着生活给予的一切。倘若没有这些感受，人世间将会多么乏味。

从最初运营一个公众号发展到如今每天更新三个公众号，树洞故事为我提供了极为丰富的素材。我每天的主要工作并非写作，而是回复树洞来信。我每天的写作时间大约只需要两个小时，然而回复邮件往往要花费五六个小时，因为我不仅需要仔细阅读，还要认真回复。如果来信内容能够激发我的思考，回复的篇幅就会更长。

我常常在想，如果持续记录十年甚至二十年，将会积累多少故事。在这个时代，人们的婚姻和情感又会发生怎样的变化。当拿着手机的人们阅读这些故事，与自己的人生进行对比，并在留言区讨论时，我们会发现，每个人都生活在一张无形的大网之中，都在这滚滚红尘中挣扎。

04

如今，我每天醒来，心中既有欢乐，又夹杂着悲伤。从前，我每天醒来时内心都毫无波澜，仅仅是醒来而已。现在我既欢乐又悲伤，是因为我失去了梦中的一切，身处现实；而现实中又有着我梦中所拥有的一切。我不知道该如何安放自己的这些感受，也不知道该如何面对这份孤独。

我渴望她能对我说些什么，让我再次“醒来”。“恋爱的人和他自己不同了，但他不是别人，依然是那个人。”佩索阿的这句诗有意思的地方在于，任何一段感情，男女之间产生的那些情绪，终究会让你有所改变。以前醒来就是单纯醒来，现在或许多了一份期盼，或许多了一丝痛苦，当然也可能多了一点孤独。总之，“恋爱的人和他自己不同了”。

许多感情，总会带来这样一些改变，比如会让你的婚姻产生些许变化。人就像一股流动的能量，不是流向这边，就是流向那边。在这人世间来来往往，能量相互碰撞，情绪彼此交织，就总会产生这种“既欢乐，又悲伤”的情感。

如果你将人世间的所有情感都视作这种能量的流动，那么你对很多感情便会有全新的认知。因为人不可能完全阻止所有能量的流动，所以自然就会产生无数的情感问题和婚姻问题。

著名摄影师严明写有一本书，名为《我爱这哭不出来的浪漫》。树洞中无数充满痛苦的邮件，就像是对这个名字的生动注解：那是哭不出来的浪漫。当你的痛苦达到顶点，情绪积累到一定程度；当你觉得自己真的走投无路，将所有情绪倾诉到树洞里时，这就如同一种哭不出来的浪漫。我爱这哭不出来的浪漫，也注定会继续在无数的树洞故事中磨砺自己。

我是一个有着危机感且不安分的人，所以从运营第一个公众号开始，一路走到今天，已经有了三个公众号。从离开村子的那天起，我就从未停止奔跑，因为只有奋力奔跑，才能让自己的路越走越宽。在飞机上看到那些熟悉的名字时，我深知现在只能更加努力地奔跑。我享受这种自由的感觉。

我时常想象，某天带着电脑，带上几本诗集，在任何一个角落都能回复树洞来信、进行写作，可以阅读那些让人心动的文字。在这个和平发展的时代，这也算是作为个体的幸运吧。

是的，我比很多人幸运，能够做自己感兴趣的事情，还拥有一定程度的自由。从 35 岁写到快 40 岁，未来还会继续写下去，度过无数个年份。我想那些走过的路都已成为过去，未来理应更加精彩。那些熬过的黑夜、思考过的人生、彷徨过的日子，都应是生命的馈赠。

在每年的周年文章里，我都会引用这段话："现在所走的这条路留给将来某个时刻怀念就好，将来的某个时候或许我会怀念现在所走的这条路。那个时候你一定要在。那个时候我一定要在。这样我会很开心。拜托了，我很开心。请多关照。"今年，我觉得没有必要再引用了，因为在与不在都不重要，这里的读者也是来来去去。只是希望那些在树洞里与我有过联系的人，即使现在已失联许久，并且很久没有关注这类情感话题，但是在某个深夜，或是某个无聊的时刻，能在微信里随意搜索一下“火养”两个字，然后惊讶地发现：原来这家伙还在坚持写啊，真够能写的。

对我来说，这或许就是树洞最大的意义。

第五篇

火养，五年

01

当我写下这个标题时，心中满是感慨。不知不觉，公众号已存在五年了。以往每年我都会写一篇纪念文章，而今年，除了撰写文章，还能在直播间与大家见面，这无疑也是一种进步。我的第一篇文章是《睡在时间里的人》，此后每年这个时候，我都会写一篇，内容大多围绕自己为何写作，以及接触那些树洞故事后所发生的改变。

这次，在五周年之际，我想重点聊聊自己，讲讲我是如何成长为如今模样的。

有时我不禁觉得，自己是个颇为神奇的人。虽说没什么特别成功的经历，也没多少心得可供分享，但诸多偶然的巧合，让我成了现在的火养。

我在之前的文章里提过，“火养”这个名字是家里人对我的称呼，并非我的本名。我家有七个兄弟姐妹，我上面有两个哥哥和两个姐姐，后来又有了一个弟弟和一个妹妹。我自幼就深知孩子多意味着生活的艰辛，所以对于通过生育众多子女来证明自身价值这件事，我向来毫无兴趣。

想想看，家里孩子众多，地处少数民族偏远地区，父母除了种田没有其他技能，外面也没有条件较好的亲戚。可想而知，我小时候过的是怎样的生活。在我们那一代人中，我是真正吃过苦的。如今很多人所说的吃苦，与我成长时的经历已不可同日而语。

诸多机缘巧合，造就了现在的我。小时候，小学实行五年制，可我们村小学只能读到四年级，五年级要去乡小学就读，还需要参加考试。我们村小学的老师是刚初中毕业的学生，以至于我至今仍有很多读音读不准确，因为读小学时根本就没有认真学过这些。

在考五年级时，我们村小学十多个人中，只有两人考上，我便是其中之一。从小学五年级开始，我到乡小学住校，那时我大概只有十二岁，此后便一直住校，直至大学毕业。

我读初中时流行考中专，因为考上中专就意味着不用再回去种田。我运气不错，还真考上了。我填报了地区卫校，如今都已记不清具体是什么专业了。总之，如果一切顺利，我应该会在某个县城或地区医院当医生。

然而，遗憾的是，体检时我被查出是色弱，这意味着我不能从医。入学一个月后，我不得不从中专退学。按照家里人的安排，如果我正常考上高中，他们大概率不会供我继续读书，毕竟高中还需三年时间，且不确定能否考上大学。在我们那里，大部分人初中毕业后就外出打工或帮衬家里了。

可我考上了中专，为上学借的钱也花出去了，家里只能让我继续读高中。恰好那时，我们在县城的亲戚能帮上忙。当年国庆节过后，我从卫校退学回来，进入了当地的高中，开启了我的高中生涯。

02

高中的日子并不顺遂。上了一个学期后，我大哥到了大学毕业的最后一年，需要用钱，而我上中专的钱已经花光，我只能休学一年回到村里，等着看家里的经济状况，若条件允许便继续上学，否则就辍学。

我从小就是个极为胆小的学生，别说去找校长写休学申请了，就算是跟班主任提个意见，我都不敢。但为了能继续读书，我还是硬着头皮找校长写了休学一年的申请。那时我才十六岁，完全不明白这对我意味着什么。

回到村里后，我踏踏实实地当了一年农民。说实话，虽说我在农村长大，各种农活都会干，但全年都在农村劳作，还是头一回。也正是这一年，让我深切体会到当农民究竟有多辛苦。

我从不歌颂农村生活有多美好，因为我清楚地知道，农民的生活充满操劳与无聊。最关键的是，根本看不到未来在哪里，每天的生活一成不变，那种孤独和寂寞，远超以往任何时候。那时我虽没去过多少地方，但真的难以忍受在空寂的山里，独自一人汗流浃背干活的日子。倘若你也有过这样的生活，你便会明白那是多么深的寂寞。

休学一年后，我大哥大学毕业，被分配到了县城，也能照顾我了，我得以重返高中。我觉得这次重返高中，我最大的动力便是：我一定要通过读书走出去，绝不能再回到农村种田。相比以前，我学习的刻苦程度肯定提高了好几倍。然而，小县城的高中教育资源极为有限，成绩能排到年级前五名，才有可能考上大学，若是在十名之后，那就基本没希望了。

当时我们那个乡镇初中，考上县城一中的只有两人，加上我这个从中专退学回来的，一共三人。后来我又休学了一年，与那两名同学也失去了联系。

许多年后，我偶尔会回想起那些机缘巧合。如果我没有被退学，或许真的就上了中专；如果我没有被迫休学一年，大概也不会如此拼命读书。

后来的事情便是，我在高中努力学习，最终考上了大学。为了稳妥起见，也为了学费能少一些，我选择了一所师范大学，靠着助学贷款开启了自己的大学生涯。对我而言，考上大学，离开原来的乡村，才是真正改变命运的第一步。

我的小学同学，基本上都留在了村里。有个叫水养的小学同学，成绩似乎和我差不多，但他后来没继续读书。大家还经常拿我们打趣，一个火养，一个水养。

我和我的初中同学都断了联系，他们大多应该也在村里，还有几个在县城。高中同学中，考上大学的分布在全国各地，没考上的，则有不少回到了村里或者留在县城。至于大学同学，保持联系的也不多。在所有同学当中，我是换工作、换城市最多的，也是最能折腾的一个。

03

在四十岁这个人生节点上，我曾无数次对自己说，前面四十年，我按部就班地完成了人生的许多步骤，不过是一个普通农村孩子通过读书走出农村、在城市立足的寻常故事。

我期望后面四十年，能书写一个关于火养的独特故事，一个关乎自我成长、个人蜕变，甚至是关于记录时代多样情感的故事。

这五年时间改变了我，而这些改变又蕴含着诸多命运的巧合。倘若未曾经历过往的那些事，我大概也不会拥有如此强大的耐心和韧性；倘若内心没有始终向往自由，我也不会从教师队伍辞职，更不会从南航离职，进而全职从事这份需要自己不断奔跑、永不停歇才能生存下去的事业。

在回复树洞邮件时，我常常会想，其实每个人能够勇敢地表达自己，就已经很棒了，因为还有太多人连这样表达的勇气都没有。能够经历一些情爱的波折，在情爱中体验爱与不爱，这已然超越了很多人，毕竟还有很多人正承受着生活的苦难，那种苦才是难以言说的苦。

我并非要进行比较，而是想说，我们每个人都应将自己置于更广阔的世界中去审视，包括我自己也是如此。我曾经走的路，并非我能自主选择的。倘若一直局限于以往的视野和格局，那么，我永远都无法成为火养，也不可能拥有持续更新的动力，当然更不会有读者一直追随阅读。

我喜欢在城市的大街小巷随意漫步，感受来来往往人群的烟火气息。我不禁思索，我们是人，不是工具。我们每个人生活在这个世界上，喜怒哀乐、情绪的起伏、情爱的流动，都在证明我们是人，而非工具。

我也时常告诫自己，我是人，不是工具，拥有真实的情感和情绪，绝不能沦为某种规则、某个权威或者某种物质的附庸。这些认知，也是我回复邮件的动力源泉，因为每一封邮件背后，都是一个鲜活具体的人。

04

在运营公众号的这五年里，尤其是在今年各种变化纷至沓来之时，我越发坚信，在这个充满不确定性的时代，个人的精神生活能成为一个极为稳固的锚。有了这个锚，才不至于让自己偏离人生航道太远。就如同我以前所说，稳定的婚姻、稳定的感情，甚至稳定的爱好，其实都是你生活中的锚，能让你不至于像在空中悬着一般飘摇不定。

无论出于坚持、热爱，还是对生活中那份自由的追求，未来的许多年，我应该都会持续更新下去。五周年仅仅是一个节点，它提醒我要继续努力。从运营一个公众号到三个，从制作视频、开展直播到创立火养情感学苑，并组建团队，我想这一切都是在不断拓展自己能力的边界。

自从走出村子后，我就想着再也不会回去了，如此一来，做任何事都像是额外的收获。想想这样的人生，是多么美好啊！拥有众多的可能性，还有诸多尝试的机会，有这么多朋友相伴，精力也还算充沛。

我常说，这是一份关乎人心的事业，不能急于一时，而是要让自己精神的锚更加稳固坚定。唯有如此，由此延伸出的事情才能让自己的生活更加从容。

我十分期待前方的风景，所以无论是六周年、七周年，还是更多个周年，我都希望自己依然坚守在这里。毕竟，我本就没打算停下脚步。

感谢大家的支持，我是火养，请多关照。

第六篇
谢谢你爱我

01

某个深夜，我接到母亲的电话，她说胃一直不舒服，想来我所在的城市做检查。我应道："好，刚好暑假我也想回去一趟，到时带您过来。"

挂了电话，我毫无睡意。一些往事如电影画面般在脑海中浮现。人在一个环境里生活久了，很容易忘却自己一路走来的艰辛。

每次看到关于原生家庭的讨论，或是听到有人夸赞我看问题透彻时，我总会在心里感叹，我能成为如今的自己，个中经历，只有自己清楚。

简而言之，我历经过贫穷的生活，儿时的经历与我现在所从事的行业毫无关联。年少时，我敏感、自卑，却又比任何人都留意观察周边的世界。

我不知道自己会成为什么样的人，因为无人给我指引，每一步都像是站在命运的十字路口，稍有不慎，便可能走向截然不同的命运。

我经历过休学、辍学、打工、复读，靠着助学贷款一路前行。从农村到乡镇，再到县城、地级市、省会城市，直至一线城市，最终成为现在的我。

我之所以较为宽容，是因为自幼深知人生的不易，目睹过太多为生存而挣扎的人生，何必因情爱的琐事去为难他人呢？

我之所以比许多人多些韧性，是因为既然命运将我送到如今的位置，我所拥有的一切都似是赚来的，那我为何不更加努力呢？

我之所以内心存有温柔的部分，是因为我有过寂寞的乡村生活，正如韩东在《温柔的部分》中描述的那样：

我有过寂寞的乡村生活，
它形成了我生活中温柔的部分。
每当厌倦的情绪来临，
就会有一阵风为我解脱。
至少我不那么无知，
我知道粮食的由来。

你看我怎样把清贫的日子过到底，

并能从中体会到快乐。

而早出晚归的习惯

捡起来还会像锄头那样顺手，

只是我再也不能收获些什么，

不能重复其中每一个细小的动作。

这里永远怀有某种真实的悲哀，

就像农民痛哭自己的庄稼。

02

我常常收到过誉的留言，说喜爱我的文字，我总是回复“谢谢”。谢谢你爱我。文字仿佛是一个更容易实现梦想的世界，在其中，我总能尽情展现自己的想法。

说起来，还得感谢当年高考填报志愿时，我选择了中文系，尽管当时无人为我指点。那本就是个与众不同的夏天，似乎和以往任何一个夏天都不一样。

高考结束时，我写过一篇文章《高考还是改变了命运，至少让我遇见了你》，至今我仍喜爱文中的一些段落：总有一个夏天会与众不同；总有一天你会突然长大；总有一天你会出门远行。那时，我们才开始遇见那些自己选择的人。

高考后的那个夏天，是最特别的一个夏天。你知晓有美好的事物在前方等待，怀揣着最美好的憧憬期待未来，想象着自己在大学里的模样，感觉自己终于与过去做了告别。

只是，那个夏天比其他夏天显得更为漫长。依旧炎热的村子，已难以留住你的心，那些熟悉的人和景，都褪去了原有的色彩。你满心想着的，只有远方。

其实，那样美好的夏天，仅有一次。唯一的一次，带着瑰丽梦想的一次。后来，你真的走了出来，原本强烈的憧憬渐渐变得微弱，如同少年梦醒。

仿佛过了这个夏天，人生便从此不同。

许多年后，我才明白，那时的心境恰似“看山不是山，看水不是水”。因为，你的心已不在原地。那个夏天过后，我真的告别了农村，告别了那座县城，也告别了 19 岁的自己。

许多一直在城市生活的孩子，很难理解那种对出走的渴望。就像我的一个朋友，她说，志愿全都填了遥远的内蒙古的学校，满心满眼都是离开，脑子里全是逃离的念头。

这么多年过去，我明白了“看山还是山，看水还是水”。人生无论怎样度过，终究都是一生。时间不会因你是逃走还是停留而有所改变。

对于出身小地方的人来说，高考有着别样的意义。因为通过高考进入大学，可能是我们第一次出远门，第一次真正意义上脱离父母独立生活，第一次见识外面的世界，第一次迁移户口。

很多时候，我都是从普通人的视角出发，我觉得自己就是个极其普通的人，该经历的都经历了，没有逆袭，也没有鸡汤。每一段经历都平凡普通，却又带着独属于我的印记。倘若没有上大学，我或许只是个普通的打工者。而上了大学，让我多了些许选择。

就如同现在，你与那些没上过大学的高中同学，已然没有共同话题可聊。我们都在改变。年少时以为会永恒的感情，在时间面前渐渐淡去。

“欲买桂花同载酒，终不似，少年游。”

03

从此以后，再没有那样特别的夏天。谢谢你爱我，谢谢你信任我，谢谢你关注我。

每天在回复大量邮件时，我仿佛在体验不同的人生。每个人的出身不同，选择不同，情感经历也不同。

有些人婚内有了其他情感经历后，觉得这是不可饶恕的大事；而有些人却觉得这不过是人生的一段经历。有的人认为这是十恶不赦的行为，有的人却觉得这是人性的一部分。有的人较为宽容，有的人却十分苛责。

我每天都需要接纳这些不同的观点和情绪。我在最传统的教育环境中成长，过往经历也只告诉我何为正确的三观。但我还是有所不同，因为我阅读了大量书籍，比很多人更为敏感，更能理解人心的多变与复杂，这才造就了如今的我。

在大城市生活久了，你会以为这就是你原本的生活，而忘却了自己并非生来如此。你历经无数机缘巧合与艰难磨炼才走到现在。没人知晓你为何如此坚韧，也没人清楚你的价值观是如何形成的。很多同龄人在考虑实际问题，甚至养老问题时，你考虑的仍是如何学习，甚至渴望有机会去大学进修。仿佛前方世界的画卷才刚刚展开，从未觉得人生就要在此停歇。未来有无数的诗歌、电影、音乐，还有诸多美好的事物，等待去品味和欣赏。

我宁愿相信，现在的我能比以往更好地掌控自己的人生，所以人生才刚刚开始。那种感觉，就如同当年高考之后，满心期待着去上大学、去看世界一样，我依旧是那个满怀期待的少年。

04

我见过无数情感案例，也目睹过许多情感上的陷害、背叛与暴力。于是，总有读者问我："你还相信爱情吗？"

我当然相信。倘若不相信，我便无须撰写任何文字了。恰好今天读了余华的一本书，他在书中讲述了自己的一段经历。

一次在意大利访问期间，主办方安排余华前往一家精神病院演讲。这家精神病院很特别，每年都会邀请一位不同国家的作家为精神病人演讲。

演讲结束后，病人们一个个从余华面前走过。余华注意到，一个男人拉住了一个女人的手，还有一个男人搂住了一个女人的肩膀，他们看上去都五十来岁，亲密无间地走向食堂。

出于好奇，余华问院长："住在你们医院的病人中，有没有夫妻？"院长回答："没有。"

余华写道："在后来的行程里，我时常会想起维罗纳那家精神病医院的文学活动。我此前一直认为精神病患者生活在黑暗的无底洞中，但那两对男女亲密同行的身影改变了我的看法，因为那里有爱情。那两个男人和那两个女人，他们或许各有自己的妻子和丈夫。若真是如此，他们的妻子和丈夫应该会定期前来探望。或许其中一人、两人，甚至三人或四人已经离婚，又或许从未有过婚姻。但这些都不重要，重要的是，那里存在爱情。"

这便是每个人看问题的角度不同。在许多道德家眼中，如果这四个男女仍处于婚姻状态，即便在精神病院牵手亲密，也是不道德的。但在余华看来，这里有爱情，他们有自己独特的爱情方式，有自己的精神寄托，哪怕他们是精神病人。

就如同我读过的无数情感案例，各有各的曲折，各有各的故事，各有各的问题，但我从中也读到了许多爱情。

总体而言，感谢这个时代给予的机遇，因为我们比父辈拥有更多选择，所以才会有更多的情感故事。我们都是这个大时代的尘埃，却也是这个大时代的见证者。

谢谢你爱我，谢谢你在此停留。尽管我写过许多所谓分析这分析那的文章，但其实我更希望，你能在这里获得心灵的宁静，得到情绪的接纳与充分的理解。

就如同我每次读到诗歌，便会平静下来一样。

我站在我从前恋爱的地方。
天在下雨。雨是我的家乡。

我用渴望的词语思念，
我尽可能远地抓住一片景色。

我记得你挥动着你的手，
好像在擦窗玻璃上的白雾。

你的脸庞，仿佛放大了，
从一张旧的、模糊不清的照片。

从前我对人对己，
犯过很大的错。

但是，这世界造就得如此美好，
为使人好好休息，像公园里的长凳。

现在我已找到
一种静静的欢乐，太迟了，
就像发现一种危险的疾病太晚；
还有几个月的静静的欢乐。

——阿米亥《静静的欢乐》

PART 2

情爱秘辛

第一篇

情爱，带来愉悦，更带来悲伤

摘要：人为什么需要爱？最根本的原因是，人内心柔情的表达需要一个具体的对象。

比如，你就想对某个人好，这种好涵盖对他的悉心照顾，在他面前能够展现你的温柔，能够肆意撒娇，能让他看到你最脆弱、孤独的一面，也能让他看到你最天真有趣的一面。这种内心的柔情有处安放，往往比他对你好更让人着迷。

电影《比悲伤更悲伤的故事》里有一句台词："爱情可以解释的话，这世界上就不会有人因此而痛苦了。"

作为研究两性和情感的写作者，我见到越多的案例，就越觉得，爱情是最没有规则可言的。商业有商业的规则，体育有体育的规则，法律有法律的规则，但在感情的世界里，就是没有规则可言。

认知层次再高、再有钱的人，一样会为感情问题烦恼。一旦陷入感情的漩涡，就算是再理性的人，也会经常做出不理性的行为。

爱情和性可以带来很多愉悦，但也会带来很多悲伤。

最悲伤的莫过于，当你在一段感情中付出诸多之后，对方却突然变得冷淡，甚至想要抽身而退。此时，你继续付出已毫无意义。可你内心的柔情却无处释放，总渴望有个地方可以接纳它，于是你便陷入了一段漫长的空洞时期。这种内心的空洞，才是悲伤真正的根源。

你可以让自己忙碌起来，学习许多新东西，努力让自己显得拿得起、放得下，既不那么卑微，也不那么悲伤。然而，即便如此，你依然无法填满内心的那个空洞。就好似无论你做什么，眼前的那束光都已消失不见。从前，有爱情相伴，有另一半在身边的时候，你会觉得生活中有着一丝光亮。可如今，这点光已然熄灭，你不知道该如何继续生活。

一旦内心的空洞无法被填满，你就会对自己说，以后再也不触碰感情这东西了。与其说你不想触碰，不如说你不想再次让自己的内心变得空洞。

但实际上，无论这世间有多少情爱带来的悲伤，仍会有无数人深陷其中。无论你对自己说了多少次不再触碰感情，可一旦遇到合适的人，或许又会再次投入进去。

我读过美国著名心理咨询师欧文·亚隆的著作《当尼采哭泣》，书中有这样一段话——“我从对病人的工作中了解到，与异性相处存在问题是多么普遍。实际上，没有人能逃脱爱情的痛苦。歌德深知这一点，这便是《少年维特之烦恼》如此具有感染力的原因：他的相思病触动了每个人。”

人为什么需要爱？最根本的原因是，人内心柔情的表达需要一个具体的对象。

比如，你就想对某个人好，这种好涵盖对他的悉心照顾，在他面前能够展现你的温柔，能够肆意撒娇，能让他看到你最脆弱、孤独的一面，也能让他看到你最天真有趣的一面。这种内心的柔情有处安放，往往比他对你好更让人着迷。

倘若你表达的对象恰好也能回馈你的付出，那便是男女之间最美好的感情。

如果两个人交融越来越深入，对方深深渗透进你的内心，可某天他突然变得冷淡，或者不想继续这段关系，那么他曾经带给你多少愉悦，或许就会让你承受多少悲伤。

许多声称已经不再相信爱、不想再投入感情的人，不过是在自我保护，保护自己内心最柔软的部分不再被他人触碰，保护自己心灵的躯壳不被掀开，保护自己内心最深处不再受到伤害。

然而，人有着最基本的情感需求和生理需求。在不被伤害的前提下，会接受一些彼此有好感的邀约。但你心里清楚，自己已不可能再让任何一个人走进内心深处。

于是，在成年人的世界里，常常会出现许多彼此带着些许好感，却又不敢太过深入的感情。彼此会有一些试探，却又想自我保护，生怕付出过多，对方承受不了，自己也会受伤。成年人感情世界的无奈就在于，再也没有一个人能让你爱得义无反顾。即便你能爱得义无反顾，对方也可能无法承受你的这份深情。

即便你可以勇敢地说“我爱你，我选择自己想要的生活”，可对方不一定会回应“我也爱你，我也选择自己想要的生活”。如此一来，短暂的愉悦过后，便会产生诸多悲伤。这毫无道理可言，但悲伤却是真切存在的。

我听过太多人在感情破裂后，内心陷入空洞的故事。咨询者常常问我：“火养，我需要多久才能走出来？”我说：“我也不知道，这既需要人的意志力和耐力，更需要忍受悲伤的能力。”

有时候，你之所以会迷恋那个人，并非因为对方有多么优秀，而是因为他恰好缓解了你的孤独感。在长期的孤独中，突然有一个人打破了这份孤独，这种孤独与是否有人在你身边并无关联，纯粹是一种内心的渴求和期望。

这个人恰好给予了你心灵上的陪伴，让你的内心柔情暂时有了栖息之所，你会觉得有这么一个人长时间陪伴自己，至少不会感到孤独。

但某天，你回到了孤独之中，然后长时间难以适应。

一个人尝试过不孤独、被理解之后，再回到那种孤独且不被理解的状态中，会发现真的无比艰难。

你内心会渴望这个人能再次消解你的孤独。他会一直在你心里，你依然在等待着他的召唤。但实际上，他不会再出现在你的生命里了。倘若你能度过这段空洞时期，某一天，当你发现自己可以消解这种孤独的时候，你会突然意识到自己已经超越当初迷恋的那个人，对他已失去最初的感觉。这种悲伤往往无处诉说，只存在于你的内心深处。在很多外人看来，你的生活已然毫无瑕疵，可没有人能理解你的心无处安放。而且，哪怕你已有孩子，孤独感也不会因为有孩子的陪伴就消失。

无可言说的痛苦才是真正的痛苦。无论你如何努力，都好似挥拳打空气。你想哭，想笑，想大声诉说自己并不幸福，可身边的人都认为你很幸福。

这世上有些事情只适合收藏，不适合诉说；只适合深埋在心底，不适合公开；只适合自己慢慢消化，不适合与他人分担。

我读过的最悲伤的爱情文字，来自史铁生的《我与地坛》："地坛，你别以为是我忘了，我什么也没忘，但是有些事只适合收藏。不能说，也不能想，却又不能忘。它们不能变成语言，它们无法变成语言，一旦变成语言就不再是它们了。它们是一片朦胧的温馨与寂寥，是一片成熟的希望与绝望，它们的领地只有两处：心与坟墓。”

史铁生后来在一篇文章里解释过，这写的是他自己在瘫痪那段时间的一段爱情。可能是无望的暗恋，也可能是绝望的痴恋，当然还可能是毫无结果的明恋，但无论如何，结局都是悲伤的。

我在朋友圈写过这样一段话——

意大利作家卡尔维诺去世的时候，其主刀医生说从未见过有谁的大脑结构像卡尔维诺的那般复杂、精致。倘若某天我的大脑被打开，估计医生会说，我从没见过哪个大脑里装着这么多离奇的情感故事。而这诸多故事，归宿只有两个：心与坟墓。

第二篇

中年婚姻，最困难的不是忠诚，也不是争吵，而是成长

摘要：当一个人很爱另一个人的时候，总是会适当地压制自己的需求，而迎合对方的需求，也就是说，会为对方做一些改变。这种改变在爱情里是真实的，也是真诚的。但是在长期的婚姻里，这种改变会造成一种压抑。过度扭曲的东西注定长久不了，最真实的需求还是会回到这个人的内心。也就是说，某一天这个人的

自我还是会占据上风，而把那个为爱人而改变的自己湮灭。

在婚姻中，出现了新的人，就一定会导致离婚吗？答案是否定的，否则，离婚率恐怕会飙升得更高。在我处理的众多案例中，无论是妻子发现丈夫与其他女性有联系，还是妻子自己遇到了新的心动对象，很多人最终都选择了回归家庭。很少有人会仅仅因为遇到了新的人，就决然结束婚姻。甚至还有一部分人，出现了一个新的人，反而促使他们原本的婚姻有所改善。曾有一位来信者提及，在她离开外面的那个男人后，发现自己以往抱怨老公的那些缺点，似乎没那么难以忍受了，对老公平时的行为习惯，也更能包容了。

婚姻中情感的变故如同硫酸，能够溶解夫妻之间心理上的一些锈迹；但同时，它也可能像一把尖刀，在夫妻关系中划下难以愈合的伤痕。那么，在复杂多样且难以避免的现实中，夫妻双方最终会走向何方呢？是结束婚姻，还是长期维持婚姻以满足自身的情感和生理需求？我认为都不是，而是借此认识自我。

解读了诸多婚内情感变故的案例后，我认为婚内情感变故与离婚之间，隔着一个极为关键的因素：自我觉醒。倘若没有婚内情感游离，人们通常会觉得自己的婚姻尚可，即便存在诸多磕磕绊绊，可大多数夫妻皆是如此，忍耐一下也就过去了。

树洞里曾有来信者这般表述："若要说老公有什么显著缺点，倒也没有；但要说有多少爱意，也谈不上。反正就是能凑合过日子，内心不会掀起太大波澜。即便偶尔产生其他情感需求，也清楚自己不会离开当下这段婚姻。"

直至某一天，有个人激发了她潜藏的情感需求，她的内心骤然觉醒，身体和内心都极为诚实地告诉自己——不爱了。此时，当她回归原本的婚姻时，便会感到痛苦不堪。她难以再忍受自己的身心去接纳一个不爱的人。就如同张爱玲《红玫瑰与白玫瑰》中的娇蕊，在与振保相恋之前，她偶尔也会与外面的男人交往，不过那都极为短暂，只因她老公长期不在家，这只是她排解寂寞的方式。直到某天，她发觉自己真的爱上了振保。"他眼里生出泪来，因为他和她到底是一处了，两个人，也有身体，也有心。"即便最后振保退缩了，并未与她携手相伴，她还是毅然选择结束自己的婚姻。多年之后，一次偶然的机会，振保与娇蕊在公交车上相遇。振保询问娇蕊过得如何，娇蕊说道："是从你起，我才学会了怎样爱，认真的……爱到底是好的，虽然吃了苦，以后还是要爱的，所以……我往前闯，碰到什么就是什么。"是振保让娇蕊学会了如何认真去爱，正因如此，她难以继续维系从前的婚姻，即便振保最终没有与她在一起。

我的树洞曾收到这样一封来信，来信者在经历婚内情感变故后，重新审视自己的婚姻，一心想要结束。然而结束婚姻这件事与外面的男人并无太大关联，因为她明白，即便结束了自己的婚姻，她也不可能与他长相厮守。这段新的感情不过是唤醒了她内心深处的另一种需求：她渴望为自己活一次。以下是我对她的回复：

我认为情感变故存在两种情况。一种情况是，情感变故能促使夫妻关系改善，因为人们会意识到外面的人并不靠谱，相比之下，婚姻中的伴侣对自己才是更好、更诚实的。但还有一种情况，婚内情感变故会致使婚姻走向终结，因为此时你会洞察到自己内心真正的需求，已不再是维持这段婚姻，而是渴望获得更优质、更高质量的爱。你会惊觉自己对婚内的伴侣已然不再有爱，身体也会如实向你传达这一信息。

这时就涉及个人选择问题。有能力做出抉择的人，自然会迈向更自由的生活；而能力欠缺的人，即便内心清楚自己已不再爱，考虑到经济因素以及世俗观念，只要婚姻还未到实在无法维系的地步，就会继续留在婚姻之中。这种内心的觉醒才会对婚姻造成实质性的冲击。至于外面的那个人，无论你是选择离婚还是维持婚姻，他始终都只是情人，不会超出这个关系范畴。

在这个探寻的过程中，最为关键的是你自身的选择能力有多强、你能在多大程度上遵从自己的内心。至于你自己的婚姻该何去何从，应当抛开与其他人的关联去考量，因为他无法给予你更多，他只是唤醒了你内心的需求而已。

当一个人很爱另一个人的时候，总是会适当地压制自己的需求，而迎合对方的需求，也就是说，会为对方做一些改变。这种改变在爱情里是真实的，也是真诚的。但是在长期的婚姻里，这种改变会造成一种压抑。过度扭曲的东西注定长久不了，最真实的需求还是会回到这个人的内心。也就是说，某一天这个人的自我还是会占据上风，而把那个为爱人而改变的自己湮灭。

我读过一本书，是美国著名心理学家罗杰斯的著作《罗杰斯著作精粹》。书里有一个案例，是很典型的由自我觉醒致使婚姻难以维系的例子。

有一对夫妻，皆为高级知识分子。婚前，妻子独立且富有创造性与革新性，常做一些他人不敢尝试的事情或项目。步入婚姻后，她接受了贤内助的角色，依照丈夫所期望的方式，去操持丈夫想做的事。她觉得这是身为妻子理应做的。

丈夫是个才华横溢的知识分子，也是个能让谈话气氛热烈起来的健谈者，经常邀请好友来家中聚会，他无疑是聚会的焦点。而妻子每次都会准备好食物和酒水，为丈夫提供帮助，好让他和朋友们尽兴。她曾尝试参与谈话，引入自己感兴趣的话题，可往往以失败告终。她彻底放弃了自我，试图成为丈夫所期望和需要的妻子。而丈夫在日常生活方面也十分依赖她，这种依赖使他难以成为一个有主见的男人。

这样的婚姻状态维持了15年，妻子内心积累了越来越多被压抑的愤怒，直到她惊恐地发觉，自己竟厌恶听到丈夫下班回家时汽车开到家门口的声音，她的反应是“我的第三个孩子回家了”——一种深深的失望感如乌云般笼罩在她心头。

这种消极情绪难以言说，因为在外人看来，这仍是和谐美满的一家人。随着内心的怨恨不断累积，妻子患上了抑郁症，甚至产生了轻生的念头。后来，她内心的某种力量开始涌现，她觉得自己需要为自己争取“活着”的权利。她当即给信任的心理医生写了封信，开始了漫长的治疗之路。

这是她生活的转折点，却并非她婚姻的转折点。她发觉自己难以再维持那个贤妻良母的形象了。于是，她将对丈夫长期积累的怨恨一股脑地发泄了出来。

丈夫希望她回归从前那个贤妻良母的角色，他自认为仍是那个爱家庭、爱孩子的丈夫。但妻子已无法回头，她期望丈夫能看到她内心真实的需求，并尊重这些需求。两人的关系越发紧张，充满了敌意，离婚成了最明智的选择。

罗杰斯写道：“从中走出的珍妮弗坚强且富有创造性，并且我相信，她永远也不会再牺牲自己去迎合他人的需求和要求了。”

丹麦哲学家克尔凯郭尔说：“最大的危险，即丧失自我，可能会悄然而过，却似乎算不上什么；其他任何损失，如失去一只胳膊、一条腿、五美元等，则肯定会引起人的注意。”

毫无疑问，我们很多人在婚姻中都有过丧失自我的经历。或许是为了迎合对方，也可能是为了维系婚姻，总是会将自己的一些真实想法和性情隐藏起来。因为许多长辈告诫你，婚姻里应当学会忍耐和谦让。但是，长期无法做真实的自己的人，倘若某天因外界的某个契机而被唤醒，就会让婚姻难以维系。

而很多时候，情感变故便充当了这种契机。新出现的那个人唤醒了你内心真实的需求。你突然意识到自己需要更高质量的交流，需要更好地做自己。于是你会慎重地审视自己的婚姻。这无关好坏，仅仅是个人选择的问题。

罗杰斯在他的著作中，还记述了他自己的婚姻。他和妻子结婚40多年。在这段婚姻中，他有过情感游离，不过他的妻子化解了那场危机。40多岁时，他彻底失去了性欲，变成了性无能，他的妻子与他一同面对，共渡了这个难关。

罗杰斯对婚姻最深的感悟是："我想我对我们的婚姻能做的最深刻陈述——我无法对它做出恰当的解释——我们总是希望对方能够获得成长。作为个体，我们获得了成长，并且在此过程中我们也共同成长起来。"

然而，又有多少人的婚姻能够如此呢？大多数夫妻，总是希望对方能够成长，自己却毫无改变。

第三篇

充实的生活，替代不了情爱

摘要：我认为很多人误解了充实的生活与情爱之间的关系。一个人生活充实，有诸多途径去释放时间和精力，并不意味着他就不需要情爱，二者完全是不同的概念。诚然，在某些特定的忙碌时期，比如一个月、半年，甚至长达一年的时间里，当你全身心投入某项事业，倾尽全力去完成它时，会将自己所有的时间和精力都倾注其中。但这绝不意味着在未来，你就不再有对情爱的需求。在某个时刻，你依旧会觉得拥有情爱会让生活更加美好。

每次我展示树洞里那些深陷感情无法自拔者的来信时，总会收到一些留言，说要是生活充实起来，忙碌起来，有事情可做，就不会总想着情爱的事，就能把自己的生活过得很好。

我觉得很多人误解了充实的生活与情爱之间的关系。忙碌和充实的生活无法替代情爱。只能说，一个人如果有更多释放压力、实现自我价值的途径，可能会感觉自己的人生更有意义。

我常说，人本质上是孤独的，很多事只能自己去完成、去解决。然而，孤独并不意味着人完全不需要亲密关系，人本质上还是需要这些的。正因为人会感到孤独，才需要亲密关系来缓解孤独感。

从社会层面来看，我们都是社会性动物。要是生活在荒无人烟的地方，见不到任何人，估计没几天就会精神崩溃。尤其在现代社会，即便是最喜欢孤独和安静的人，也还是需要一定的人际交往。

但人又不得不忍受孤独，对现代人而言更是如此。比如，到异乡求学、工作，刚毕业在出租屋里独居的日子，在没有爱人之前独自忍受孤独，甚至在婚姻中，也得忍受许多孤独。

唯有拥有在黑暗中独自坚定前行的力量，我们才能与那些擦肩而过的人建立深厚的关系。

孤独和亲密关系宛如孪生姐妹。每个人都享受属于自己的自由与孤独，同时也需要与他人建立良好的情感与身体联系，这并不矛盾。

接纳孤独意味着要对自己负责，你的身体、思想、选择都属于自己，别人无法替代，你也需要享受独处的时光。然而，如果完全没有亲密关系，仅凭个人力量，终究有许多问题难以解决。人想要获得心灵的充实与丰盈，就需要与他人交流，尤其是与那些和你同频、能够引领你的人交流，唯有如此，你才能感受到生活更深刻的意义。

第四篇

两性关系和谐的前提，不是身体，而是这个

摘要：爱情就像易碎品，价值观才是一段关系中坚实的骨架。当你进入一段亲密关系的时候，如果对方有一个你不能忍受的点，你就别指望能够改变他。

01

《性关系的底色：悲凉》，这是我以前写的一篇文章的名字。

从解读过的诸多树洞案例来看，在中国的婚姻关系中，

称得上幸福美满或者令人满意的少之又少。当然，可能有人会觉得，那些幸福的夫妻用不着来信，只有遭遇不幸或者心存困惑的人才会写信倾诉。

实则不然。在两性关系里，只是有些人懒得倾诉，有些人有倾诉的欲望，有些人觉得尚可忍受，有些人觉得难以忍受罢了，世间并不存在真正完美无缺的两性关系。

两性关系出现问题，核心在于人格层面，而非单纯的情感问题。那么，究竟什么样的两性关系，既能让两个人携手走下去，又能让彼此都感到幸福，而非相互消耗呢？我认为，最关键的一点是价值观趋同。

婚姻并非仅仅凭借当初浓烈的爱意就能长久维系，也不是靠某一方能赚取丰厚财富维持优渥物质生活，更不是由是否忠诚决定走向。价值观犹如一只无形的大手，深刻影响着众多婚姻和两性关系的发展轨迹。

许多表面看起来十分登对的两个人，也可能因价值观的差异，产生各种各样的矛盾，进而难以携手走得长远。

02

爱情就像易碎品，价值观才是一段关系中坚实的骨架。当你进入一段亲密关系的时候，如果对方有一个你不能忍受的点，你就别指望能够改变他。

譬如有人来信说，她和男友热恋的时候，因为她不喜欢对方抽烟，对方就真的戒烟了。但当两个人的感情出现波折时，有一天她发现男友又开始抽烟了，而且抽得比以前更凶。她去质问对方，对方却回应："我心里难受，抽根烟消遣一下都不行吗？"就这么一个小小的细节，便能看出想要真正改变一个人的习惯是何等困难。倘若你无法接受抽烟的男人，那么从一开始就干脆别找抽烟的，把这一点作为一票否决的关键因素。

某个男人可能会宣称很爱你，说会为了你戒掉抽烟的习惯，但这其实是不太可能的。在他爱你至深的时候，他或许能够暂时做到，可一旦某天他对你的爱意有所减退，又感受到压力时，他首选的减压方式大概率还是抽烟，而不会是其他。到那时，你依然得忍受他抽烟的习惯。

判断一个男人是否值得继续相处，不能仅仅看他爱你时的表现，更要看他处于低谷时，是否有你无法忍受的坏习惯。比如，另一位来信者告诉我，她也曾坚信能够改变酗酒的男人，可最终却发现一切都是徒劳。

可能拖垮一段婚姻的不良因素还有不少，如赌博、自制力差而沉迷游戏、从不收拾自己、骨子里的懒惰，以及不断寻求刺激来发泄等。

这世上本就不存在完美无缺的人，每个人身上都会存在或多或少的缺点。然而，当你真正打算步入婚姻时，有一点必须要考虑清楚，那就是对方是否存在让你无法忍受的缺陷或习惯。如果在婚前你就难以忍受，那就千万别踏入婚姻，因为这些习惯在婚后很可能会变本加厉，并不会因为婚姻所赋予的责任而有所改变。

03

我最近读了一本书，名字叫《改变心理学的40项研究》，其中有一项研究探讨的是，在影响一个人成长的因素中，是基因因素占比大，还是环境因素占比大？

研究得出的结论是，基因因素的影响更大。“在孩子成长为成年人的过程中，与所继承的基因相比，家庭环境对其的影响作用相对较小。”

例如，很多人觉得孩子情感丰富是因为其父母给予了孩子更丰富的情感。他们认为情感丰富的孩子成长于充满情感的环境，孩子从父母那里获得了更多的爱。

然而，研究者的结果表明：“事实上，‘感情丰富性’方面的差异由遗传决定，所以有些孩子自出生起就比其他孩子情感更丰富。相较于别的孩子，他们这种与生俱来的行为倾向，使他们能够更积极主动地回应父母的爱，从某种意义上说，这强化了父母的行为。也正是这种回应引发了父母充满爱意的行为。”

阅读心理学著作对寻找伴侣或建立亲密关系是很有帮助的。当你了解到基因因素的作用大于环境因素时，就不该幻想仅靠环境改变一个人的基因和性格。而且，基因因素在一定程度上也决定了一个人的价值观。

许多刚陷入爱情的女孩子会这样想：对方很爱我，对我很好，这就足够了。她们觉得自己遇到了命中注定的那个人，而将对方的性格缺陷、价值观差异等都视为无关紧要的问题。

我读过太多树洞邮件，一开始来信时往往都在描述“我们当初是多么恩爱”，然而，在她们结婚五六年后再度发来的邮件中，却满是关于彼此价值观差异逐渐凸显，最终导致夫妻间无话可说，甚至相互怨恨的内容。

价值观这一要素会在生活的细微之处被无限放大，让许多起初恩爱的夫妻或情侣逐渐察觉到彼此之间的差异。只有那些真正在婚姻生活中度过多年的人，才会深刻理解价值观趋同对于两性关系的重要性。

04

两性关系最为复杂之处在于：我们既渴望深度介入彼此的生活，又期望能始终保有各自的自由空间；既憧憬亲密无间，又担忧关系带来相互消耗。

爱一个人，意味着毫无保留地敞开心扉，全身心接纳对方，并由此引领我们重新探寻世界的深邃之处，去发现那些在日常生活中常常被忽视的美好，让生命变得更加丰富、厚重，当然也会更加敏感。

爱拥有一种神奇的力量，能够激发我们身上潜藏的能量，将我们从周而复始、单调乏味的生活中拯救出来。原本贫瘠的自我或许会因为爱而变得充实丰盈。爱，能让我们实现蜕变，成为更强大、更有担当的人。这便是良好的两性关系所展现出来的魅力。在一段真挚的爱情里，双方能够察觉到彼此价值观的契合，从而让彼此都感受到内心的安稳。需要明确的是，爱情并非解决两性关系中所有问题的万能答案，毕竟两性关系涵盖诸多类型，比如单纯的性关系、相互间的好感，或是仅仅为了搭伙过日子的婚姻等。

然而，爱却具备其他关系所不具备的独特优势，那就是它能够营造出一种令人安心的氛围。在这样的氛围中，我们可以将精力更高效地投入到那些真正值得去做的事情上，而不是在不断寻觅其他感情的道路上无谓地消耗自身精力。既相爱又价值观趋同的情侣能够坦诚地探讨彼此的差异，不会相互指责。即便偶尔出现观点分歧，也不会对整体关系产生影响，偶尔发生的冲突也能够得到妥善化解。两个带着各自深刻生活印记的人，可以在相处过程中学习如何和谐共处，探索怎样展现出彼此最美好的一面。真正优质的两性关系，并非依靠某一方无原则地迁就另一方来维持表面的和谐，而是双方都能在这段关系中促使对方成为更好的自己，这无疑是爱的馈赠。

而对于大多数两性关系的解读，我们往往只能从树洞案例中获取更多线索。人格层面的不健全，是导致婚恋关系难以收获幸福的重要原因。这既与大环境因素相关，也和个体的觉醒程度密切相连。在我们这个时代，男男女女既害怕失去，又恐惧遭受欺骗；既对承诺心存疑虑，又无比渴望感受爱情带来的悸动。正因如此，树洞里才会出现这么多饱含情感困惑的案例：人们在相互寻觅的同时又彼此逃避，在激情承诺与迅速抽身之间反复试探。

第五篇
情爱的本质，是希望

摘要：为何在许多时候，明明两人都清楚彼此在一起困难重重，甚至会带来巨大的压力，可还是会将那种美好感觉想象得无比清晰？每一个细节、每一次相遇、每一个微笑、每一份关怀，仿佛都成了对方依旧在自己身边的有力证据。若要从本质上给这些情爱下一个定义，我认为就是两个字：希望。

情爱，究其本质，就是希望。曾有一则60岁女性痴迷并执意要嫁给在社交媒体上认识的“靳东”的新闻，一时间铺天盖地被广泛报道，这位女性遭到了诸多嘲讽。可为何这般看似毫无价值的骗局，却能骗到这样上了年纪、人生阅历丰富的人呢？原因就在于骗子捕捉到了人内心深处那一丝微弱的希望。这位女性觉得自己这一生从未被真正爱过，而有一个人（尽管只是通过网络）如此温柔地表示要娶她，这给了她希望。

倘若一个人的判断力稍有欠缺，自然就会觉得自己正向着充满希望的新生活奔去。你可知道，对于那些绝望了一辈子的人而言，那点希望是何等珍贵？

树洞里那些从未被爱过却又极度渴望爱的人，不也有着类似的经历吗？只不过他们的故事看起来没有这位被骗的女性那般凄惨罢了。

我想起了电影《立春》中的王彩玲。她曾说：“每年春天一到，我的心里总是蠢蠢欲动，总觉得会有什么事要发生；可春天过去了，什么都没发生，我就很失望，就好像错过了什么似的。”那些不甘心向命运低头，却又被命运无情捉弄的人，往往显得格外悲情。

如果两性关系的本质不是希望，那人们为何还会如此痴迷其中呢？我们见面、恋爱、奔赴一场约会，不都是怀揣着满心的希望，期望自己能邂逅不一样的人生、不一样的生活，甚至幻想这个人能改变自己的命运吗？

倘若没有这些希望，很难想象人们会去奔赴那些路途遥远的约会。就像《立春》中的王彩玲、《包法利夫人》中的爱玛、《被嫌弃的松子的一生》中的松子，还有那位被全网嘲笑的一心要嫁给“靳东”的女性……在本质上，她们都是不甘心被命运摆布的女人，总是期待两性关系能给自己带来别样的希望。

真正令人绝望的婚姻，就是那种完全看不到一丝希望的婚姻。很多在婚姻中深感绝望的人，如果不去奔赴一场带着希望的约会，那些复杂的心情、无处宣泄的情绪以及难以安放的情欲，又该去向何处呢？

当你理解了这些，就会明白，那一点点的希望和期待，足以让很多人觉得自己的人生仍有意义。情爱，在本质上就是希望。

我要去看你

看你一眼就回来

从此以后死心塌地

埋下头，继续孤孤单单

一天一天苟活下去

——路也《我想去看你》

第六篇
情爱的世界，没有成功和失败

摘要： 感情这件事，要用成功或者失败来衡量的话，其实是很没意思的。成功学可能适合职场，但真的不适合情感和婚姻领域。

在爱情和婚姻的范畴里，我们常常会不自觉地将自己的经验或观感代入其中，从而轻易地判定：这是不对的，这是不值得的，这算不上爱情，这是在骗你，这完全错误，等等。而且，很多人在评判一段感情是否成功时，往往只看两个人最终有没有走到一起。倘若中途分手或者离婚了，就认定这段感情是失败的。

但实际上，若用成功或失败来衡量感情之事，实在是索然无味。比如那句广为流传的话，“不以结婚为目的的恋爱都是耍流氓”。照此说法，年轻时懵懂的爱情似乎就不该存在，毕竟年轻人连自己都养活不了，又何谈结婚呢？学生时代的恋爱，大概有 99% 都难以走向婚姻的殿堂，更何况我在树洞里收到过许多案例，即便学生时期的恋人从校园步入了婚姻，最终离婚的也大有人在。

成功学或许适用于职场，可在情感与婚姻领域却并不适用。

安娜曾说："有多少颗心，就有多少种爱情。"这句话存在一种对应关系，即心等同于爱情。这意味着爱情需要用心去经营，而非凭借其他。

人想要从心底接纳一个人，绝非易事，这与身体的接纳截然不同。身体的冲动或许是出于本能，然而内心的接纳则完全是个人的自主选择。当你的内心并未完全向一个人敞开时，怎能体会到身心交融的喜悦呢？但当你毫无保留地向一个人敞开心扉时，遭受伤害的概率往往也会随之增加。正因如此，许多被伤害过的人索性封闭自己的内心世界，或者仅仅打开一丝缝隙。

性仅仅是一种媒介。倘若你的心从未向一个人敞开，仅凭本能冲动，又怎会有美妙的体验呢？倘若你从未在一个人面前哭泣、展现脆弱，又怎会知晓自己的心中早已装下了这个人呢？倘若感情仅仅停留在身体的交流层面，我相信许多成年人都能轻易摆脱。在一段感情中，真正让人着迷的，往往是心与心的靠近，如思想的激烈碰撞、彼此心领神会的笑话或乐趣，还有只有彼此才懂的眼神交流等。

人心的复杂程度决定了人类感情的复杂程度。看似都是关于婚内情感变故的案例，但由于每个人内心的接纳程度不同、内心的强大程度各异，所产生的感情效果也必然千差万别。

人的动作、舞蹈、体操以及行为规则等能够被规划统一，然而人心却无法做到整齐划一。例如，你对某人产生了心动的感觉，你在内心深处已经爱上了某个人，你的内心极为敏感，可对方却完全无法理解，等等。

正因为人的内心各不相同，所以感情的模式也千差万别，我想这恰恰是情感世界的迷人与精彩之处。

第七篇

男女之间，价值观大于情爱

摘要：为什么许多人的婚姻和情感在步入中年后会出现诸多问题？原因并非仅仅在于性生活的匮乏、彼此间新鲜感的消逝，更关键的一点是，随着年龄的增长，每个人的价值观逐渐成熟，夫妻双方不再认同彼此的价值观。这，便是众多婚姻出现问题的根源所在。

男女之间若能携手走得长久，背后必定有着相同或相似的价值观作为支撑。价值观这一要素，虽然看似虚无缥缈，但它确实影响着人们相处时的情绪、交流方式以及营造出的氛围。一旦两个人的价值观相差甚远，自然而然地，他们在身体上也会对彼此产生抗拒。倘若没有价值观这个底层逻辑作为铺垫，仅仅凭借情爱维系关系，当情爱消耗殆尽时，这段关系也就走到了尽头。

为什么许多人的婚姻和情感在步入中年后会出现诸多问题？原因并非仅仅在于性生活的匮乏、彼此间新鲜感的消逝，更关键的一点是，随着年龄的增长，每个人的价值观逐渐成熟，夫妻双方不再认同彼此的价值观。

面对婚姻中的矛盾，很多人会用相互包容、忍让以及彼此理解等话语来劝解那些陷入困境的人。有些人选择忍耐，是因为他们觉得精神层面的沟通与交流并非至关重要，只要自身物质等方面得到满足即可。然而，有的人却认为，与一个在精神上无法交流的人共同生活，是一种精神折磨，哪怕在外人眼中这段婚姻很美满，他也坚决要离婚。由此可见，价值观的问题才是决定男女之间能否深入交流、长久相伴的根本因素。虽然在 27 岁时，一个人的价值观可能还未完全定型，到了 35 岁时或许又会发生一些改变，但这些改变往往是基于童年时期奠定的基础。一个人在童年所接受的家庭教育以及诸多现实经历，已经为其生命涂上了一层底色，所以想要让一个人改变价值观是极为困难的。

我见过不少类似的案例。一些女性起初满心欢喜地投入一段关系，之后才发觉情况不对，想要抽身离开时，却发现自己已被对方控制，难以摆脱，因为彼此间形成了共生关系。比如，有位女性向老公坦白自己的婚外关系，并且想要结束这段婚外关系，她为何要这样做呢？那是因为她成长了，意识到这段关系不健康，内心已经无法承受这段关系带来的后果。但由于两人纠缠过深，分开并非易事。所以在连麦时，这位女性仍心存幻想：万一婚外的男人离婚，自己能和他一起生活吗？可见，这位女性依旧在期待爱情，期盼着男人离婚后能与自己长相厮守，究其原因，是她并不清楚一段健康的关系意味着什么。现实中，有很多女性处于类似这样的关系中。

从根本上讲，在这片土地上生活的许多女性都存在这种倾向，只是有些人表现得不太明显，而有些人则表现得比较明显罢了。因为不少女性从未真正独立过，也不明白在情爱关系中，自由与独立究竟意味着什么。

很多时候，我表面上是在探讨两性关系，实际上是在表达自己的价值观。我清楚自己秉持怎样的价值观，所以对于很多看不惯的人或事，我选择不与之争辩，但也绝不会认同。若能拥有哪怕些许自由空间，大家尚可相安无事，井水不犯河水。然而，当自由空间日益缩小时，在两性关系方面，人们的暴戾之气实际上是在不断增加的。

前面提及的这个案例，对于稍有自我要求和明确价值观的女性而言，根本不会发展到如此地步。一个真正独立，且有着稳定内核的人，一旦察觉到对方试图控制甚至绑架自己，就会极为警觉，并果断切断这段关系。无论对方给出的诱惑有多大，都不会让自己深陷其中长达数年之久。正因为自身缺乏内在的自由和独立能力，才会轻易地被他人控制。

第八篇
世俗之爱并不比精神之爱差

摘要：为什么大部分人需要婚姻？因为这是一种世俗的传统。大部分生活在这世界上的人，很难去反抗这个世俗的传统。我们生活在这世界上，都需要一个家，需要有人陪伴，需要在生老病死的时刻有一个人照顾我们。

婚姻在很多时候可以实现这种世俗功能。譬如你生病了，在身体最脆弱的时候，婚姻会使你身边有个人照顾你。只要这个人不是十恶不赦或完全不管不顾，而是一个有着基本道义和行为准则的人，那么他或她都可以做到这件事。这就是婚姻的世俗功能。

世俗的温情和爱，至少可以让人生活得踏实一些，而不是时常感觉空落落的。所以，世界上的大部人是需要婚姻的，虽然许多人的婚姻复杂且暗藏苦痛。

有的时候，我们会看到一些中年男女，无论他们在一起时的穿着还是神态，抑或同彼此说话的语气，其实都谈不上有什么爱情了。当然，也谈不上有多少恨意，只是彼此都没有更好的选择，于是就这么继续过下去。在情感和性的方面，两个人都对彼此感到厌倦了，于是就埋下了不安定的种子。

要让婚姻里的两个人从 20 多岁到 40 多岁，一直保持着深刻的情感和高昂的激情，几乎是违反人性的。但是很多人逃脱不了世俗的束缚，需要婚姻来让自己显得不那么孤独，需要有一个人来陪伴自己。

从这个意义上来说，人类永远需要婚姻。但是这种世俗意义上的伴侣关系满足不了所有人对精神之爱的需求。精神之爱，很多时候产生在婚姻里的两个人缺乏交流或情感疲倦的时期。这时，他们的生活里出现了另外一个人，他们会觉得对方很了解自己，无论说什么，对方好像都懂得，这会让他们在精神上对另外那个人产生依赖。

精神之爱很容易滋生一种幻想：那个新出现的人更了解自己，而自己身边的这个人完全不了解自己、与自己三观不合，自己和那个新的人之间的关系，才更符合自己对爱的幻想。

然而，当你真正用心去接触对方几次，或是与对方实实在在地共同生活，抑或在精神层面进行更为深入的交流之后，你便会惊觉：精神之爱，往往仅在存在一定距离的情境下才会萌生。并且，在许多情形中，精神之爱其实是建立在自我麻醉、相互爱慕、强烈好奇，以及并不高深的精神境界基础之上的。

我的树洞里经常收到类似的投稿，说两人通过玩同一款游戏认识，连麦聊天并加了微信，感觉什么话题都可以交流，说什么梗对方都可以接住，这完全就是建立在两个人对彼此的那点好奇心和期待感之上的。如果让他们毫无保留地待在一起 72 个小时，估计那点精神交流也就变得乏味了。两个在精神上都乏味的人，并不能让关系深刻到哪里去。但作为当事人，特别是自认为彼此很相爱的时候，很难去承认这一点。

实际上，精神之爱理应产生于双方的精神领域都极为广阔之时。这意味着无论是个人爱好的丰富程度、学习涉猎的广泛程度、精神探索的深度与广度，还是个人知识与阅历的积累程度，都需要达到一定境界。不仅如此，双方还需要秉持坦诚之心，在交流中实现思维的碰撞。但即便满足了这些条件，仍有一个关键要点：彼此都不能“装”。不能因为自己在学识等方面比爱人略胜一筹，就摆出高高在上的姿态，去指责对方，或是充当所谓的“教师”角色，而应进行真正平等的交流与思想碰撞，如此，精神之爱才有坚实的根基得以生长。

遇到这种真正的精神之爱的概率本来就不大。而很多在社交软件上认识，交流后产生依赖，且认为彼此三观很合拍的人们之间的关系，最多也就是陌生人之间的那点好感加性的驱动而已。

这世界上并没有那么多精神之爱，我们最好还是现实一些。如果能找到世俗之爱，对方在婚姻里表现得不是太差，而你又恰好忍受不了孤独，那么，继续过下去就是了。总比自己精神能量不够，又总想摆脱眼前的生活，折腾来折腾去的，要好很多。

第九篇
没有生长的爱，必然导致分离

摘要：“这是真的，爱情必须时时更新，生长，创造。”

我最近重读了鲁迅的小说《伤逝》。这篇小说是以男主角涓生的视角展开叙述的，副标题就是《涓生手记》。他和女主角子君因共同参加活动、讨论文学而相识相恋。尽管两个人的身份悬殊，但子君不顾家人的反对，执意和涓生在一起。“我是我自己的，他们谁也没有干涉我的权利！”这是子君在父亲和叔叔反对她和涓生在一起的时候喊出的话。两个新时代的年轻人，冲破重重阻碍走到了一起，开始共同生活。“我也渐渐清醒地读遍了她的身体，她的灵魂，不过三星期，我似乎于她更了解，揭去了许多先前以为了解而现在看来却是隔膜，即所谓真的隔膜了。”

从对爱情有所憧憬到住在一起后相互了解、产生隔阂，也就三个星期的时间。慢慢地，涓生觉得子君不那么可爱了，而子君也觉得生活无聊，开始养一些小动物，但因为租来的房子空间非常狭小，所以经常和邻居发生冲突。并且，涓生下岗了，只能干一些翻译的活儿来营生，需要很好的创作环境，而子君养的小动物经常打扰他工作，他只能去图书馆寻找安静的地方。在安静的图书馆待久了，他越来越不想回家了。

鲁迅的这篇小说中，有很多关于爱情的经典句子，说透了爱情的本质。“这是真的，爱情必须时时更新，生长，创造。”可惜，子君和涓生在一起后，一开始的激情逐渐消退，彼此的事业也没有任何进展，反而开始相互厌倦和嫌弃。子君觉得生活太无聊了，而涓生觉得，子君每天养那些小动物，不再看书，也不再与他讨论文学了，完全失去了以前的光环。两个人都嫌弃对方不再进步。最后，他们的爱情必然以悲剧收场。

在图书馆里逃避家庭生活的涓生是这样想的：“那里虽然没有书给我看，却还有安闲容得我想。待到孤身枯坐，回忆从前，这才觉得大半年来，只为了爱——盲目的爱——而将别的人生的要义全盘疏忽了。第一，便是生活。人必须生活着，爱才有所附丽。世界上并非没有为了奋斗者而开拓的活路；我也还未忘却翅膀的扇动，虽然比先前已经颓唐得多了……”

在读过几万个案例之后，再来读这篇小说，我对这段文字有了更多感触。树洞里分享的很多人在情感高峰时期，总是觉得，我只要和这个人在一起就好了，就会很幸福，无论对方的工作能力、出身环境、个人发展如何，只要有爱就足够了。但是，涓生和子君，当初冲破了重重阻碍，真正在一起生活不过才三个星期，就开始厌倦彼此了，当初投射到对方身上的激情消退之后，才发现生活中有那么多的问题。所以，爱情这个东西是非常脆弱的，如果没有生活的附丽，很容易失去生存的土壤。

但是在情感高峰时期的人，哪里会想到这些呢？你看那个时候，涓生也是听到子君的脚步声就异常期待和兴奋。“她总是微笑点头，两眼里弥漫着稚气的好奇的光泽。”两个人讨论家庭专制，讨论打破旧习惯，谈男女平等，谈泰戈尔，谈雪莱，他们之间的爱情最初也是最美好的样子啊！

但是相爱的两个人失去了生活的附丽，必然会陷入相互指责和看不惯的境地。爱如果失去了成长、失去了创造，就必然失去它原有的意义。虽然《伤逝》是鲁迅写于 1925 年的小说，但现在看来，对爱情，依然有着很重要的警示意义。爱情可能就是在情感的高峰时期独有的，但是成长却是一生的事情。当爱情失去了生活的附丽，两个人的事业都停滞，甚至彼此不再有交集，仅剩下一方狭小的世界时，某天，两人必然在这个狭小的世界里无聊至死。

第十篇
从校服到婚纱，仅谈感情是不够的

摘要：我们天然地喜欢靠近那些能给自己带来愉悦，又可以带自己成长的人。

我的树洞里经常收到类似的邮件，说的是从高中或者大学就开始恋情，然后步入婚姻，来信者本以为自己会在这样的婚姻里恩爱一生，然而到了中年却遭遇了婚姻危机。

很多人都在痛苦和纳闷，为什么当初感情那么好，如今却落到这般田地？为什么说了那么多爱的誓言，最终还是会分崩离析？为什么两性关系中总是会产生这样或那样的问题？

我在回复邮件或者咨询的过程中，经常会说的一句话就是："一段两性关系，如果仅仅谈感情本身，是走不远的。"

当初无比恩爱的两个人，每天都说“我爱你”“你爱我”，每天都觉得这份爱就是最完美、最好的，然而多半不出两年或者三五年，他们就会感到厌倦或者感情出现问题。然后彼此可能会质疑：当初那些恩爱是不是不值得？人是不是天然地喜新厌旧？

怎样才能让一段好的关系维系较长的时间呢？

很多时候，与其说我在写两性关系，不如说我在探讨人与人之间到底什么样的关系才是最好的。什么样的关系才能让人感到满意或者满足？

当然，不仅仅是两性关系，也包括朋友关系和同事关系。但是相比其他关系，两性关系会牵扯更多，彼此身体和精神的介入都会更深，因此更容易产生冲突和悲伤。

我们天然地喜欢靠近那些能给自己带来愉悦，又可以带自己成长的人。

在两性关系中，一开始，你可能会觉得眼前这个人是可以给你带来很多愉悦、很多快乐的，而且彼此的精神世界是趋同的，他可能会带你成长。

但是过了两年、三年或者更长时间以后，你可能会发现自己不再需要眼前这个人了，眼前的人可能也很难再给你带来新鲜感。

这个时候，你内心对见到这个人的渴望会减少很多。你从这个人身上获得的愉悦感也会慢慢减少，甚至演变成厌倦。

我们很难承认的一点，就是人总是在流动、变化。我最近读了一本书，是美国作家梅·萨藤的《海边小屋》。在书中，梅·萨藤描述了她在海边独居期间，她的朋友埃莉诺到访时她的感受：

埃莉诺来访使我非常愉快。到今年8月，她就81岁了，可她仍然兴致勃勃地打理园子、开车外出，她对我而言是一个很好的例子，我们可以在我们的有生之年最大限度地去生活，而不会耗尽才华。她教过书，当过校长，之后做了若干年的编辑，70岁的时候很认真地干起了摄影，到了80岁的时候，她出版了一本书，摄影及文字内容都由她一手完成。有多少人到了80岁的时候取得过如此成就？

作为她的朋友，我感到很自豪。看到埃莉诺对我是一种滋养。因为朋友中有许多在精神上退缩了，我开始觉得我对晚年生活的美好憧憬是一种错觉。然而眼前就有一个证明，证明生活并非如此。在许多方面，埃莉诺比以往任何时候都更是她自己。

梅·萨藤喜欢这位朋友的原因是，每次见到她都可以感受到她生命的活力。她可以给你做出一个榜样：原来人可以最大限度地去生活，而不是简单地重复某种日常。

放到两性关系中也是一样的。当你对某个人的期待或者期望已经降低，你也可以深刻感受到对方并不能给予你更多东西，只是在不断地消耗你的时间的时候，你会感到疲惫。

因为每个人都在变化着，如果你成长起来了，回头看看当初对方给你的影响或者帮助，你会有一些新的认知。

梅·萨藤说："这些日子我对过去想了很多，认识到过去在不停地变化着，从未静止过，从未像书本一样永远'搁置'于书架上。随着我们自己的发展与变化，我们对曾影响我们的人与事都有了新的认识。"

两性关系仅谈感情，而不谈彼此的成长和改变，是走不远的。

感情不会独立于人们的生活而存在。它会依附在很多东西上，比如两个人的价值观、赚钱能力、彼此吸引的程度、学习的能力，等等。

两个人之间匹配的东西越多，自然就会走得越远。很多起初很恩爱的伴侣，仅仅依靠感情本身，而不谈其他的依附关系，往往会很快就把那点感情消磨掉。就像很多树洞来信中诉苦的读者一样，他们本以为这种美好的感情会持续一生，没想到缺乏深层次的依附和心灵渗透，会让彼此变得陌生，最终不再相爱。稳固的伙伴关系可以持续一生，但这只有在双方都愿意接受改变时——内心的改变而不是表面的改变——才会发生。生命在不停演化，因此幸福的佳偶也需要共同变化。没有人会想要和一个结婚30年都一成不变的人在一起。相互吸引的根源是共同成长。唯有如此，才能成为真正的终身伴侣。

——《亲密关系的秘密》

真的没有人想和一成不变的人生活在一起。如果你每天起床看到的都是一成不变的人，很快你就会没兴趣与对方生活在一起。

这是两性关系中最难解决的问题。并不是说你不好，也不是说你做得不好，而是两个人的成长可能不同步，然后彼此都觉得你不懂我、我不懂你。

在感情世界中，“他之砒霜，你之蜜糖”的现象屡见不鲜。不少优秀女性在婚姻里难以获得伴侣的关爱与支持，这使婚外男性觉得可惜，进而给予关怀，而女性也容易被这份关爱打动。同样，一些男性也常因在婚内得不到另一半的温柔关心，而被婚外女性视为值得珍惜之人。这种基于相互吸引与关心的感情，会让双方误以为找到了更好的人。

然而，两性之间最初的吸引往往源于性和新鲜感。当性吸引力与新鲜感逐渐消退，仅靠感情维持的关系，最终也会像部分婚姻关系一样，走向厌倦与消耗。毕竟在两性关系里，仅有性是远远不够的，缺乏彼此扶持与共同成长的关系注定无法长久。

若以成长的视角看待两性关系，而非仅从道德、责任等角度出发，便会发现少年时期的爱情未必能延续至中年，20 多岁恩爱的夫妻也不一定能携手走到 40 多岁。在成长与变化的过程中，我们对感情问题会有更理性和宽容的看法。关键在于学会付出与接受爱。“当我们付出给我们的伴侣时，他们会成长，让我们为之惊讶。当我们停止付出给他们时，我们的伴侣似乎就停止了成长与改变。我们的付出是让关系融洽之道，如果我们想要一位 100 分的伴侣，在这之前，我们先要让自己成为一位 100 分的伴侣。”

倘若每个人都能先让自己变得更优秀，再主动且非牺牲式地付出给对方，这样建立起来的两性关系，即便某天爱情不再，也定会比单纯依赖感情的关系更为长久。

第十一篇
柔情不可倾诉的孤独

摘要：柔情是一种怎样的状态呢？是两个人坦诚相对，说尽甜言蜜语，仿佛全世界只剩下彼此，至少在那一刻，天地间唯有你们二人；是你满怀柔情想要倾诉，对方能及时领会，并且也会以柔情相报；是即便尚未见到那个人，可只要一想起对方，心中便涌起无尽的温柔；是你感到自己的柔情终于有了一个随时接纳它的归宿时，油然而生的那种喜悦。

“柔情不可倾诉的孤独”，这是我在以往文章中写过的一句话。倘若无法理解这句话，便难以洞悉许多人在婚姻中的情感状态。这句话蕴含着丰富的情感内涵。现实中，不少人在婚姻里处于这样一种状态：虽身旁有人相伴，却无处倾诉内心的柔情。这或许是因为身边的人已不再是那个能承接与回应自己柔情的对象，又或许，这个人从始至终都未唤起自己内心的柔情。

柔情是一种怎样的状态呢？是两个人坦诚相对，说尽甜言蜜语，仿佛全世界只剩下彼此，至少在那一刻，天地间唯有你们二人；是你满怀柔情想要倾诉，对方能及时领会，并且也会以柔情相报；是即便尚未见到那个人，可只要一想起对方，心中便涌起无尽的温柔；是你感到自己的柔情终于有了一个随时接纳它的归宿时，油然而生的那种喜悦。

然而，现实中诸多婚姻里，这般柔情却踪迹全无，真真切切地缺失着。我收到过太多类似的读者来信。一旦婚姻中缺少柔情，那其中的亲密关系，必然难以达到理想状态。或许夫妻双方在经济上富足，衣食无忧，性生活也不匮乏，彼此在事业与生活中皆是口碑颇佳的人。但那至关重要的柔情，就是寻觅不见，那种满心渴望对一个人倾诉无尽甜言蜜语的感觉，全然消失。如此一来，生活中总归会有所缺憾。

人在本质上是情感动物。当一个人在婚姻生活中遭遇柔情的缺席，而内心又强烈渴望表达柔情时，孤独感便会如影随形。此时，他会不自觉地幻想，存在那么一个人，能让自己毫无保留地倾吐所有柔情。从情感层面剖析，柔情的接纳实则比表达更为关键，因为只有当你感受到自己付出的柔情得到了回应时，内心才会获得真正的满足与慰藉。

许多女性在婚姻里缺乏柔情，一旦出现能激发其柔情的人，便容易陷入迷恋。在婚姻的长期平淡与柔情缺失中，女性内心对柔情的渴望被压抑。此时，若有这么一个人闯入生活，尤其是在私密空间里，能让她尽情释放作为女性特有的柔情蜜意，这种全新的情感体验便极具吸引力。她在这个人身上，找回了自己柔情尚存的感觉，而对这种感觉的沉溺，使其难以割舍。

柔情并非单一维度的情感，它凌驾于性爱之上，融合了性的吸引、爱的滋养、肌肤接触的亲昵以及眼神交流的默契等诸多元素，堪称爱情中的集大成者，恰似“柔情似水”所描绘的那般细腻与包容。在激情中，人或许会因过度冲动而感受不到被尊重，可在柔情氛围里，尊重与珍视是必然的组成部分。正如法国诗人普吕多姆所言：“没有敬意的激情可能会有，但不存在没有敬意的柔情。”这种被尊重的体验，能让女性在情感上获得极大的满足。

“柔情不可倾诉的孤独”在婚姻与情感世界中普遍存在。女性往往满心期待，能将自己的爱、情感以及对世界的见解，毫无保留地倾注在心爱的人身上。尽管在日常生活中，人们可能表现得坚硬、世俗且粗糙，但在内心深处，每个人都渴望成为被爱与被温柔以待的对象。那看似微不足道的柔情，实则蕴含着强大的力量，能帮助人们更勇敢地直面世界的冷酷与艰难。

谈及表达爱意，之所以强调“用心”，是因为心乃人最柔软之处。当用心去爱时，柔情的流露便会自然而然，也更容易被对方感知。理想的感情状态，无疑是自己表达的柔情，能得到对方同等爱意与柔情的回应。然而，面对不爱的人，对方的柔情表达反而会成为一种负担。深入理解人心，洞悉这种“柔情不可倾诉的孤独”，才能明白为何在婚姻与情感里，人们常常感到孤独，为何有众多难以挣脱婚姻束缚却又感受不到爱的人。根源就在于，每个人内心都藏着柔情，都期待着能向那个命中注定的人倾诉与表达。对女性而言，在婚姻中长时间缺乏柔情的浇灌，一旦外界出现能唤醒其柔情的契机，迷恋之情便极易滋生，这背后是对情感满足的本能追求。

第十二篇
人本质上需要亲密关系

摘要：亲密关系看不见、摸不着，有些人觉得它无关紧要，但对于人的完整性以及内在柔情而言，它却至关重要。因此我常常强调，人本质上还是需要亲密关系的，因为人需要将自己的柔情激发出来。

前几天一位学员说她去见一位很久没见面的老朋友，这位老朋友是医生，对于人的状态和脸色有很精准的判断。老朋友一见她，就对她说：你应该很长时间没有亲密关系了。作为中年女人的她，惊讶于对方为什么一眼就能看出来。其实这并不难，长时间缺乏亲密关系的人，是很容易被看出来的。

我写过这样一段话："究竟什么是亲密关系？并非只有一生一世一双人的关系才叫亲密关系。有时，当你对某个人萌生了一种柔情，渴望靠近对方，内心的柔软被瞬间激发，这同样属于亲密关系。为何我们应当与异性建立一些亲密关系呢？原因在于，唯有在异性面前，我们才能够展现出柔情的一面，而这种柔情，与在孩子、父母面前所呈现的截然不同。倘若你珍视亲密关系，就不应将自己内心深处的这种柔情压抑住。柔情这一情感，可能在我们午夜失眠时，或是身体有所感触时，就会渴望表达。所以，我们需要亲密关系来满足这部分需求，因为我们的柔情需要一个宣泄的出口。”

我接触过众多咨询个案，从当事人的脸色和情绪状态，便能判断出其是否缺乏亲密关系。这并不意味着对方没有婚姻，或是缺钱，而是其内在缺乏柔情，这一点其实很容易察觉。

亲密关系看不见、摸不着，有些人觉得它无关紧要，但对于人的完整性以及内在柔情而言，它却至关重要。因此，我常常强调，人本质上还是需要亲密关系的，因为人需要将自己的柔情激发出来。

性，在某些时候，不仅仅是性，更是一种生命力的体现。一个人若长期缺乏亲密关系，其生命力也会随之匮乏，而生命力恰恰是我们活着的标志。有些人三十来岁就已显得死气沉沉，而有些人即便到了六七十岁，依然拥有旺盛的生命力。

我时常告诫人们，不要压抑自己的生命力。倘若长期缺乏亲密关系，一个人的内心会逐渐变得坚硬，表面看似一切正常，实则内在已不再柔软。在人际交往中，这样的人也不会给他人带来舒适的感觉。而拥有良好亲密关系的人，其内在的柔情有处释放、有人接纳，整个人的状态也会更加良好。所以，千万不要小觑亲密关系对一个人的影响。

第十三篇
柔软的心，只能装下一个人

摘要：爱情具有排他性，爱着太多人的人，往往是谁都不爱的，他只是爱他自己而已。

我们对待爱情，若爱便要深爱，如此方能真切领略爱的真味。当有人炫耀自己拥有众多爱情经历，吹嘘自己曾与多少女人或男人交往时，我内心毫无羡慕之意。我只想问，经历那么多次爱情，你可曾真正深爱过？倘若从未深爱，即便经历再多，又有何意义？

茨威格曾说："他们玩弄爱情，就像玩弄一个玩具；他们夸耀爱情，就像男孩子夸耀自己抽了第一支香烟。"当一个人炫耀自己的爱人数量时，他的心想必是坚硬的吧。因为一颗柔软的心，装下一个人便已足够，又怎会容纳那么多所谓的“爱”呢。

阿德勒也指出：“有些人无法只爱一个人，他们必须同时爱着两个人。只有这样，他们才觉得自由，他们可以从一个人身边跳到另一个人那里，全然不用承担完整的爱情责任。对两个人都爱，实则等于谁都不爱。”爱情具有排他性，爱着太多人的人，往往是谁都不爱的，他只是爱他自己而已。

拥有太多段感情，会使自己爱的能力逐渐消失。你会发觉，对谁都难以付出全心全意的爱，以至于不知该如何去爱。一切来得太过容易，往往就会失去真心。在人生中，令人难忘的必定是那些深爱的时光，而非浅尝辄止的暧昧。

懂得深爱的人，人生会更加深刻。只有深爱过，才知晓爱情究竟是什么模样。深爱过才明白，有了另一半之后，人生仿佛重新开启。虽然常常会因过度思念而痛哭流涕，可淡淡的忧伤中总会夹杂着丝丝甜蜜，一切都恰到好处。深爱过才懂得，“情人眼里出西施”所言不虚。自己觉得难看之处，在对方眼中却是漂亮的。深爱的人总会拼命寻找彼此的相似点，越找越惊叹：原来我们如此相似啊！此时，也不会再在意他人的眼光和评价了，因为有了这份深沉的爱便已足够，其他人都变得无关紧要。

前段时间，有位读者来信倾诉，说她总觉得现任男朋友不够好、不够优秀，心里总想着能找到更好的，很不情愿就这么把自己托付给他。两人之间的爱情不温不火，没有特别心动的感觉，似乎可有可无。其实，这就是一种不甘心在作祟。她觉得自己理应遇到更出色的人。这种心态会让人烦躁不已，因为心底那一丝不甘心，总会在夜深人静时悄然浮现，不断质问自己：你就这样把自己交出去了吗？你就要这样过完一辈子吗？于是，她会不自觉地想找退路，想要去尝试更多的可能性。

阿德勒说过：“如果一个男人或女人始终保留退路，也就无法全身心投入到责任之中。在其他严肃且重要的人生问题上，我们根本不会给自己加上这类‘脱身’条款。”

倘若你真的深爱一个人，又怎会有诸多顾虑呢。葡萄牙诗人佩索阿写道：“爱是永恒的天真，而唯一的天真是不去思考。”这句诗，或许就是对深爱的真实写照吧。

深爱，应当就是这样，将你内心最纯真、最天真的部分激发出来。在这份爱里，你天真无邪、内心安定、无须思考，因为你笃定对方会一直在。无论结果如何，刻骨铭心的经历总好过平淡无奇。即便曾流下伤心的泪水，也胜过一片空白。如果不曾深爱，又怎能体会那些分别时的痛苦呢？深夜里的思念如噬心之痛，这些都是深爱过后才会懂得的。

第十四篇
枉然的柔情：爱过一生无缘的人

摘要：爱，很平常；相爱，颇少见。爱是一条法则，相爱是一种偶然。

痴情的男人存在吗？当然有。很多时候，阅读男性作家写的情书文字，便能感受到他们内心爱意的蓬勃与柔情的涌动。男人的柔情，有时能够化解女人诸多的情绪与攻击性，治愈女人内心深处的许多创伤。在婚姻中，柔性特质不可或缺，倘若男人内心缺乏这种柔性品质，或许最终会给婚姻带来破坏。

男人的成熟、智慧与柔情，以及真正懂得照顾他人的能力，会营造出让女性备感舒适的相处状态。我读过不少描绘男人痴情的小说。比如《双城记》中的男主人公卡顿，为了拯救自己深爱的女人的丈夫，甚至甘愿牺牲自己。书中提到："要是一个男人真心爱上一个女子，在失去了她，当她成了人妻人母之后，仍能对她一往情深，始终不渝而又毫无怨艾，她的儿女们一定会对他怀有一种奇妙的感情——一种出自本能的怜惜之情。"

再如《纯真博物馆》里的凯末尔。1975 年，在伊斯坦布尔，一边是有婚约在身的30岁富家少爷凯末尔，另一边是少爷的远房穷亲戚——18岁的清纯美少女芙颂。如同多数爱情故事那般，他们的爱情始于一场美丽的邂逅。凯末尔去精品店给未婚妻茜贝尔购买名牌包时，意外与多年未见、美丽动人的芙颂重逢。两人坠入爱河，相恋一个半月后，凯末尔为了芙颂毅然解除了门当户对的婚约。然而，芙颂得知他已有婚约后便悄然消失。在芙颂消失后的第339天，凯末尔再次见到她时，她已然嫁人。此后7年10个月，凯末尔去她家吃饭多达1593次。在这段时间里，他积攒了芙颂的4213个烟头，几乎收藏了芙颂接触过的所有物品，还为此成立了纯真博物馆放置这些收藏品，并留下遗言："让所有人知道，我的一生过得很幸福。"这部小说的笔触柔情且克制，爱恋贯穿始终，即便凯末尔频繁前往芙颂家，也毫无违和感。如此痴情，却没有丝毫强迫与绑架的意味。不得不说，这大概是我读过的关于男人痴情的最极致的小说，其深情程度甚至超过了《神雕侠侣》中杨过时隔16年跳下悬崖的情节。

不过，男人的爱情也有棘手之处。他们鲜少因感动而爱，当他们主动爱上你时，会爱得炽热深沉；可一旦不爱，无论你付出多少，都难以改变他们的心意。若男人不再爱你，你的付出就如同第一届诺贝尔文学奖获得者普吕多姆的诗集《枉然的柔情》中所描述的那般："纵有万般柔情，亦是徒劳。”普吕多姆写道：“是我们对她们的爱使她们对我们的爱变得那么甜蜜，假如我们不爱她，那她的爱对我们来说是痛苦的，不会打动我们。被你所爱的人所爱，那爱才是幸福。”

爱，很平常；相爱，颇少见。爱是一条法则，相爱是一种偶然。倘若真能拥有一位懂你且愿意付出柔情的男人，你大概便能深切体会到爱情的美好。就此而言，女人应当始终相信爱情，相信自己终会遇到那个契合的男人。

第十五篇
情爱永远顾此失彼：一边失去，一边得到

摘要：

在听得见蓝天涛声的地方，我似乎失落了，某个意想不到的东西。

在透明的昔日车站，站到遗失物品认领处前，我竟格外悲伤。

——谷川俊太郎《悲伤》

我的树洞常常收到这样一类来信，来信者说，要是以前就具备现在的认知，或许就不会那么“傻”了。他们觉

得自己本可以不轻易结婚，不冲动离婚，不做出某些让自己后悔的选择。人们总习惯用当下的“智慧与见识”，去否定过去那个“单纯又傻气”的自己。可实际上，真没必要如此。人并非生来就无所不知。在人生的旅程中，尤其是在情爱里，我们始终处于顾此失彼的状态。当你变得世故，可能就再也无法体会为一个人毫无保留付出的滋味；当你对性淡然处之，也就感受不到强烈的嫉妒心与占有欲；当你认定谈恋爱就一定要奔着结婚去，或许会错过许多别样的体验；当你为婚姻失败而痛苦不堪时，却可能意外收获事业的成功或其他机遇。

人生永远都是这般顾此失彼，不会给你一个完美无缺的结局，这才是我们在情爱世界里的真实写照。还有 20 来岁、从未谈过恋爱的读者来信询问，该如何恋爱、怎样与男人相处、如何看待自己的第一次等问题。我觉得，想恋爱就去谈吧。20 来岁的恋爱，本就该有这个年纪独有的模样，我无须用 40 来岁的经验去教导你具体该怎么做。唯一要叮嘱的，就是保护好自己，尽情去体验，仅此而已。毕竟，20 来岁谈恋爱，难道一开始就想着和对方步入婚姻殿堂吗？ 20 岁遇见的那个男人，你能保证 30 岁、40 岁时他还在你身边吗？说不定到了那个年纪时，你早就记不清对方的模样了。所以，只有去恋爱、去亲身体验，才能明白其中的滋味。

世间从来不存在完美的状态。因此，给予孩子的应是自由，是让他们懂得保护自己，同时也尊重他人的自由，除此之外，别无他法。你还能给孩子何种情感教育呢？难道要告诉他们什么样的恋爱不能谈、什么样的可以谈，何时做爱合适、何时不合适吗？这显然不现实。孩子有自己的人生，尤其是在情感方面，他们的经历注定与你不同。即便回顾自己，从青涩少年到中年，从懵懂无知到历经世事，身体与思维不知经历了多少变化，没有什么是一成不变的。

瞧，这是昔日的车站，还有那遗失的物品，仿佛一切都在提醒着时间一去不复返。满心的悲伤，便成了一种再正常不过的情绪。人总是如此，成长意味着失去，当你觉得自己活得通透了些，或许也失去了许多纯真。就这样一边失去，一边收获，永远顾此失彼，从不存在圆满，才是人间常态。既然如此，又何必执着于追求一个完美无缺的结果呢？

第十六篇

爱情，就是一种情绪

摘要：一旦发现自己爱着对方，却产生了不良情绪，就需要及时沟通。要将不好的情绪发泄、表达出来，让对方知晓，而不是采取冷战或躲避的方式，致使两人渐行渐远。

在我的文章下有一条点赞颇高的留言：“情绪是跟着爱走的，爱没有了，情绪也就没有了。”这句话道出了情绪的部分来源，即因为爱一个人、在乎一个人，才会产生强烈的情绪。然而，他只说对了一半，因为有些情绪并非源于爱。可能源于习惯，可能源于嫉妒，亦可能源于那种自己得不到也不想让别人得到的占有心理，总之，并非每一种情绪的产生都与爱有关。

当然，爱的确是情绪的重要根源之一。当爱上一个人时，你的情绪会随着对方的一举一动而波动。对方回不回信息、说的某句话、做的某个动作，都可能影响你的情绪。如果对方的行为符合你的心理预期，你的情绪就会高涨，两人之间的情绪会达到一个极佳的峰值。彼此都清楚对方心里有自己，身体上也相互吸引，进而达到一种美妙的境界：情感体验与性体验都能达到高峰。此时，两人会屏蔽外界所有干扰，认定眼前这个人就是最好的，从情感体验角度而言，这也是人生情感体验中最美好的时期。

若有过这种情绪高峰，双方相互需求，迷恋彼此的身体，且都认为对方至关重要，那便算是拥有过美好的情爱体验了。这是因为爱、情绪与性融为一体，达到了峰值。

但人与人之间，很难一直维持这种状态，这也正是人类情感复杂棘手之处。人的情绪会有起伏，不可能一直处于高峰，相应地，爱也可能逐渐褪色。

当一方觉得自己的情绪未被对方关照时，对这个人的感觉便会慢慢消逝。曾经见到对方时眼中闪烁的光芒渐渐暗淡，情绪也随之低落，甚至不再渴望相见。若两人是夫妻关系，即便情绪上不想见到对方，却仍得在同一屋檐下生活，矛盾便极易产生。而两人之间产生情绪后，若不好好解决，只是任由情绪对抗，就会引发冷战。在此期间，两人会停止性生活，而无性状态又会导致彼此更加生疏。许多原本良好的关系，就是这样从情绪不佳到对性的需求降低，再到干脆不再交流，一步步走向冷淡与疏离。等到想要挽回时，才发现彼此已失去了交流的欲望。

所以，一旦发现自己爱着对方，却产生了不良情绪，就需要及时沟通。要将不好的情绪发泄、表达出来，让对方知晓，而不是采取冷战或躲避的方式，致使两人渐行渐远。一旦产生抵触情绪，对彼此的性需求也会降低，很容易陷入恶性循环：因对对方的情绪不高，便躲在自己的空间里，渐渐地对对方的身体也失去了兴趣，干脆不再有性生活。久而久之，两人虽同在一个屋檐下，却没了情绪交流、身体接触以及共情，家庭氛围冰冷压抑。此时，才惊觉自己的婚姻出了问题，需要好好沟通与调整。若双方有觉醒意识和悟性，或者愿意寻求咨询帮助，或许还有机会走出困境；但若缺乏悟性，彼此指责，都认为是对方的问题，那么你们的亲密关系真的难以回到从前，无论曾经多么美好。

第十七篇
爱让我变得患得患失，也让我变得庸俗

摘要：

我不赞美思念。一点也不。我怕漫长的邮路，发烫的话筒。
惧怕独自一个人数着天上的星星，尽管如此美丽。
我愿意坐在你对面吃早餐。胡辣汤，馒头，咸菜。
最好有蜂蜜和两个红苹果。然后听着你打饱嗝，我像一个
不知何为幸福的妇人那样慵懒地起身去洗碗。

——蓝蓝《春天里的祈祷》

关于爱情，有诸多充满诗意的词语，如悠远、辽阔、自由。这些特质深植于我们的内心。正如王小波所言："一个人只拥有今生今世是不够的，他还应该拥有诗意的世界。"

然而，爱虽能让人的心境变得辽阔，最终却往往使我

们走向庸俗。我们的肉体更渴望以一种庸俗的方式生活，与相爱的人一起，吃得满足、睡得安稳，让肉身有栖息之所。

许多读者留言说，阅读树洞里的故事时，时而清醒，时而情绪翻涌，明明懂得所有道理，却依旧过不好这一生。这再正常不过了。诸如不要嫉妒、不要有情绪这类说辞，往往只在对一个人爱得不那么深切的前提下才成立。倘若你深爱着、极度在乎某个人，最终很难避开变得庸俗这个阶段。满心渴望拥有这个人，期盼与他长相厮守，对他的一举一动、一颦一笑都念念不忘。

就如同蓝蓝的诗歌所表达的那般——我不赞美思念，我就是想做一个平凡简单的妇人，和你一起吃早餐，度过每一个平凡的日子。

倘若我不爱你，我或许会是一个乖巧伶俐且从容不迫的女人，因为你的任何选择于我而言都无关痛痒。可一旦我爱上了你，我便希望知晓你的一切，时刻关注你，渴望与你一同经历许多事情。爱，让我变得庸俗，变得患得患失，仿佛不再是原本的自己。但倘若从未爱过，我又怎会知晓自己的内心世界竟会如此波澜起伏？原来，那些在树洞里呈现的情绪，皆是真实的，是用血泪书写而成的。这世间，从来不存在真正的感同身受，唯有亲身经历，方能体会其中滋味。

我们试图从他人的故事中寻求慰藉，可最终发现，当情绪真正降临到自己身上时，只能自我宽慰。在事情发生之前，我们总会信誓旦旦地说，自己绝不会如何。比如，我收到一封邮件，发件人说本不想结婚，只想与那个男人短暂交往一番，没想到最后自己却深陷其中。许多感情皆是如此，起初你自信能够游刃有余，觉得既然敢涉足其中，便能全身而退。然而，本是抱着体验一把的心态，最后却将自己牢牢套住，只因你爱上了这个人。

爱，确实会让人变得庸俗。那些曾经在你眼中极为庸俗的字眼和举动，都会在自己身上一一上演。患得患失、嫉妒、痛苦、猜疑、吃醋、情绪低落，都会接踵而至。瞧，自己就这样成了曾经自己眼中的庸人。

在情感的世界里，没有谁比谁更高尚、更豁达。若真的做到了豁达，那要么是因为未曾爱上，要么是已然超脱了情感，觉得一切都无足轻重，抑或是这世间尚未出现能让你心动的人。

爱让人变得庸俗，我每日阅读这些满含情绪的邮件，怎能不知这些情绪就如同我们身体的一部分，只要你坠入爱河、产生感情，它们便如影随形。除非你斩断情丝，不再去爱，不再去想，既无思念，亦无牵挂，如此，痛苦自然也不会存在。

其实，很多人爱的是那种拥有爱的感觉。为何难以摆脱这些情绪？并非不知道对方不爱自己，只是迷恋这种爱的感觉，想要让自己始终处于“爱着”的状态。为此，许多人宁愿不去做一个通透、高尚的人，而是选择做一个庸俗的人，在他们看来，这样也挺好。

第十八篇
你可能会失去爱人，但你永远不会失去爱情

摘要：不要因为被伤害过就害怕去爱。失去一两个爱人没什么大不了的，爱人虽可能会离去，爱情却永远存在。爱是一段又一段的旅程啊。

在树洞之中，我接触到这样一个案例。咨询者是当事人的女儿，她的父亲性格较为弱势，母亲则十分强势，这种状态持续了近一辈子。后来，强势的母亲出轨了，这彻底击垮了父亲最后的尊严。以往总是对母亲唯唯诺诺的父亲动手打了母亲，致使母亲住进医院。而母亲却并无多少悔意，觉得在这么多年的婚姻里，受够了丈夫的窝囊、懦弱，认为丈夫从来都不明白自己需要什么。父亲表示深爱母亲，却又非常恨她；母亲即便有了婚外情，也从不后悔，

甚至有一种报复的快感。

这是一个颇为常见的家庭冲突案例，类似的冲突每天都在上演。我给咨询者的建议是：让你父亲去爱吧，去找一个欣赏他、懂他的人去爱。只有经历过一场被人欣赏、崇拜的爱，他才有可能放下对你母亲的恨意。这种爱，并非指一定要结婚在一起的那种爱，而是去享受一次温柔的爱；是那种能让他的自尊心得到满足，被一个女人欣赏的爱；也是能让他的身体得到温暖对待，体验到男女之间情爱美好的爱。

一个人只有被温柔以待，才有可能温柔地对待他人。倘若他一直被暴力、辱骂、贬低的方式对待，那他永远都学不会如何去爱他人。一旦他翻身，觉得自己有能力了，便会加倍用此类方式对待身边的人。在她父母多年的婚姻模式中，一个从未爱过，另一个从未得到过爱，两人在相互撕扯中，采用了极端方式解决问题。所以，唯有通过爱，才能真正解决问题。放下对一个人的恨的方法，就是去爱，如同从未受到过伤害一样。恨一个人，不过是因为渴望得到对方的爱，然而对方没有给予，或者欺骗了你，本质上是因为内心对爱的渴求未得到满足。要是内心对爱的渴求得到了满足，也就放下了对这个人的恨。

所以，要去爱，去被一个人温柔呵护、被看见，这样才可能放下对一个人的恨。只有身心都得到满足的人，才会明白，原来人与人之间的关系可以如此美好。那时，他对待世界或许会宽容许多。

性，需要有爱抚、有爱情、有伴侣间的情谊，如此才能让你获得全方位的满足。不要因为受过伤害就惧怕去爱，也不要因为遇不到各方面都契合的人就害怕去爱，更不要因为这可能是一段没有结局的爱情就拒绝去爱。

爱，是一段又一段的旅程啊。

罗素说过："害怕爱就是害怕生活，那些害怕生活的人，本身就已经半死不活了。"

为了让自己活得生机勃勃，不要排斥爱。

那些从未领略过相爱之人的亲密关系与相濡以沫的人，错失了生命给予我们的最美好的东西。

倘若一个人从未爱过，或者从未被爱过，那他就无法从其他人那里感受到那种浓浓的温情。没有这种温情，他的社会活动必定是有害的。

狄兰·托马斯说："爱人会失去，爱情却永存。"

所以，失去一两个爱人没什么大不了的，爱人虽可能会离去，爱情却永远存在。

第十九篇
爱需要的是松弛，而不是紧握

摘要：爱得松弛一些；当你抱怨时，爱便在悄然消逝。

以前，在回复火养树洞的来信时，我写过“爱得松弛一些”。大概很多人不理解这句话——为何一个人要爱得松弛一些呢？难道不应该紧紧抓住对方吗？

在我收到的树洞邮件中，有太多歇斯底里的来信者。写信者仿佛觉得天下就属自己这份爱最为重要，只要抓住这个男人，就拥有了一切。然而，爱得太紧、太满，既会给对方造成压力，也会让自己不堪重负。

这或许与我们的整体经济条件以及家庭环境有关。在中国式家庭里，能充分享受爱的滋养的人并不多。未被好好爱过，便会在爱一个人时，想要死死抓住对方。就如同从未吃饱过的人，不懂得品味食物的美妙，只想着填饱肚子。

爱得松弛一些吧，该属于你的终究是你的；若对方不再爱了，无论怎样纠缠都无济于事，反倒会让自己失去应有的姿态。

爱得松弛一些，即便失去了，也没什么可惜的。自己依然是自己，既不会怨恨，也不必太难过。将所有责任都推给对方，根本于事无补。

爱得松弛一些，不要事事都捆绑在一起，我认为这样才好。给彼此多一点空间，事情或许会迎来转机。

爱得松弛一些；当你抱怨时，爱便在悄然消逝。

人生绷得太紧，不过是因为太害怕失去。因为你以前未曾得到，便觉得只要紧紧抓住，那东西就属于自己了。从我接触过的众多案例来看，越是害怕失去的东西，往往越容易失去，因为你的情绪会传递给对方。没有人愿意生活在这种充满紧张与不安的氛围中。

很多人会说自己从小缺爱、缺乏安全感，似乎抓住一个人，填补了这份不安，就觉得自身的缺失得到了弥补。其实，爱得松弛源于自信、自尊，也源于相信自己值得被爱。

我之前推荐过一本书，叫《完美伴侣，缓慢性爱》。这本书虽讲的是性需要时间，应缓慢进行，但我觉得其理念同样适用于爱。就是要让时间停顿下来，让自己松弛下来，缓和两人之间的关系，不再那么紧张，然后再来谈论性和爱，这样会让人感觉舒服很多。

爱得松弛一些，别让彼此相见时都紧张兮兮的，否则会对两人的感情产生负面影响。抓得太紧的东西，最终往往都会失去。而当你不再害怕失去，即便最终失去了，也能够坦然承受。

爱得松弛，需要智慧，需要自身具备能量，当然也需要良好的经济基础。让自己活得松弛、自在、快乐一些吧。无论如何，爱本应是让自己变得更好的事情。倘若你感到紧张、难受，那又何必呢？希望每个人在爱与性方面，都能松弛下来、缓慢下来，希望每个人都能自由地生活。

第二十篇
爱的空间，大于爱的细节

摘要：在亲密关系中，空间和界限感是非常重要的。无论描述多少爱的细节，最关键的一点是对方给了你多少空间。你需要回应，但也需要自由。

即便身处人群之中，人们也可能会感到孤独；在婚姻里，同样会体验到孤独；在亲密关系中，孤独感也时常相伴。很多人觉得，孤独意味着无人陪伴，或者只有生活得不快乐的人才会感到孤独。实则不然，每一个自由的生命都天然具有孤独感。

孤独与自由紧密相联。通常而言，一个热爱孤独的人，大概率也热爱自由。在亲密关系中，许多人习惯将所有事情交织在一起，一旦发现亲密关系中的对方感到孤独，就会认为是自己做得不好，或者怀疑对方不快乐，进而思考两人是否合适。但实际上，事事都过度纠缠的关系，才真正会让人感到窒息。

若伴侣间完全没有隐私，彼此太过透明，就会缺乏缓冲空间，这将致使亲密关系迅速走向终结。

从本质上讲，人是需要孤独和自由的。孤独的感觉在于，此时你只与自己相处，既不需要他人，也无须他人理解，却能感受到自己宛如自己世界里的国王。无须讨好他人，也无须进行交流，有一种天地间唯我独尊的体验。在这种状态下，你的自尊、对自己的肯定以及爱都会回归自身，因为你深知自己是世界上独一无二的存在。没错，正是孤独赋予了你这些。

真正完整的状态并非在他人面前毫无保留、完全透明，而是即便身处亲密关系中，你依然能够真切地感受自己的孤独，这才是真正懂得爱的表现。

倘若你无法拥有孤独，那么你也不配拥有优质的亲密关系。从表面上看，亲密关系是两个人的紧密结合，但本质上，两个孤独的个体才更能清晰地知晓自己的需求。在亲密关系中，你不能迷失自我，也不能长期沉浸在孤独之中。你需要回应，也需要自由，人类常常在这种矛盾的状态之间徘徊。

有些人因为害怕孤独，而勉强维持一段糟糕的关系；而有些人则为了追求自由，索性不去经营任何长久的关系。这便是亲密关系棘手的地方：很多人既渴望它，又想要逃避它。但无论如何，如果身处一段不良关系中，那么还不如选择孤独，至少你能拥有属于自己的自由。

我曾说，在一段关系中，给一个男人打80分就足够了，留下20分的空间给他。这片空间可能容纳他人性中的阴暗面，或是他需要自我消化的部分。相应地，你也会拥有属于自己的20分的空间，而并不需要毫无保留、百分之百地付出，以致完全失去自我。

然而，在恋爱和婚姻里，女人往往追求100分的完美。只要达不到这个标准，好像就意味着这段关系是失败的。这种要求一旦提出，无论对于男人还是女人来说，都会觉得疲惫不堪。一旦感到疲惫，这段关系也就失去了乐趣。

在亲密关系中，空间和界限感至关重要。描述再多爱的细节，都不如对方给予你的空间大小重要。就如我提到的那位来信的女士，她的婚姻具备良好的经济基础，丈夫对她照顾有加，还给予了适当的空间，使她能够去做许多自己热爱的事情。从合作、经济以及个人发展等多方面来看，这段婚姻都已达到相当不错的水平。倘若在这种情况下还要离婚，那人类设立婚姻制度又有何意义呢？

所有在婚姻中追求完美的人，或许压根儿就不应该结婚。这样既对得起自己，也能让婚姻中的另一半免受折磨。

第二十一篇
迷恋爱情，因为不想再做工具人

我写过一篇文章，名为《一段性关系的死亡》，文章评论区众多读者留言，道出了各自的婚姻状态。其中，有不少人正处在单方面宣布“死亡”的婚姻中。很多年轻人或许会问，既然如此，为何不离婚呢？然而在婚姻中度过十多年的人，大概就不会如此轻易地下定论了。

人类情感的复杂性，用两句话便能简单概括：第一句是，每个人在世界上都具有工具的属性，但人又不仅仅是工具；第二句是，人本质上是情感动物。下面我先来解释第一句话。

人生活在这个世界，拥有特定的身份和出身，是某人的孩子，要读书学习、在社会上立足，到了一定的年龄要结婚生子，这体现出了人的很多工具属性。不少人结婚，不过是出于这种工具属性，只因他们受到父母或周边环境的压力。因此，即便很多人明知这段关系已然死亡，却仍需要保留工具属性，需要维持这段婚姻。

但人本质上并不仅仅是工具。那么，什么能让人超脱工具这一角色呢？答案是纯粹的情爱、强大的精神力量，以及人本身所具有的创造性。

对于大多数普通人而言，拥有强大的精神力量、具备巨大的创造性并非易事，因此，很多人选择了情爱。因为在享受情爱的过程中，人们会感觉自己展现出了最真实的一面。在感情的高峰时期，人获得了一种真正的独立，抛开了诸多世俗之物，摆脱了工具性的角色。

然而，强烈的工具属性使很多人不得不先满足工具这部分属性的需求。所以许多无性无爱的婚姻，至少能满足当事人作为工具人的属性。若其自身不够强大，就只能维持这样的关系。一个人只有精神力量足够强大，才能真正做自己，让自身非工具性的属性更多地展现出来。因为他具备这种能力，所以无论是创造力，还是对情爱的要求都会高很多。但倘若他自身不够强大，被工具性的要求束缚住，自然就会选择留在更为安全的工具性环境里。这便能解释，为何很多人虽偶尔有逃离婚姻生活的念头，但绝对不会想要结束自己的婚姻，只因婚姻的工具性功能太强大了。

接下来看第二句话：人本质上是情感动物。

若婚内无性无爱，而人又是情感的动物，那么就很容易滋生出婚外感情。或者，处于无性无爱状态的这个人，身体或精神方面都会衍生出很多问题，又或者其会通过别的方式转移自己情爱方面的能量。

当你理解了这些，就能对很多婚姻及感情状态有更深刻的理解。人需要工具性的东西，很多人的婚姻能满足这部分需求，却并不能满足性与情爱等超越工具性的需求。但人本质上是情感动物，所以才会出现各种各样的感情状况。人迷恋一段感情或一段性，并非真的有极大的欲望需要满足，而是迷恋那种毫无压力、能做回真实自我、超越工具人状态的感觉。

能够凭借强大的精神力量或创造性超越自己工具人角色的普通人并不多，所以大多数人只能借助情爱，让自己暂时逃离工具人的角色，这就是人类如此迷恋情爱的原因，也是对“人本质上是情感动物”的一种诠释。

第二十二篇
沉默的柔情，是最美的欣赏

我认为人与人之间最好的关系，应当是相互欣赏和爱慕。在接触众多婚姻关系案例后，我发现部分关系中存在一个致命的问题：有些女人，无论自身做得多好，在丈夫眼中都毫无价值。

人需要与知晓自身价值、懂得珍视自身价值的人相伴，在两性关系中更是如此。许多人在婚姻及两性关系里痛苦不堪，就是因为他们在这段关系中，从未得到过肯定，自身价值从未被认可。

我在以往的文章中常常提及性尊重。我觉得，性尊重除了包含爱、情绪的传递以及人与人的交流，还应当涵盖对对方身体的欣赏和美的欣赏，而并非仅仅出于性需求，或是单纯满足自身欲望。

遗憾的是，在当下的两性关系中，很多人别说获得爱了，就连能真心欣赏自己身体的人都没有。

真正的性尊重，蕴含着对美的欣赏。

在亲密关系中，倘若两人相对无言也能感受到情绪的流动，从对方的眼神里能看到靠近的渴望和宠溺，我相信没有人会不喜欢这样的相处模式。

在两性关系里，很多人表现得极为生硬。有些人并不重视情绪和情感的交流，这便引发了诸多问题。

我们要成为内心柔软之人，而非刚硬之人。要用心去感受，当与某人相处时，即便沉默，也能感知对方的心跳，对方也能理解自己的每一种情绪状态。

有过这种体验和从未有过这种体验的人，在情感领域会有截然不同的感受。

我喜欢你沉默的时候，因为你仿佛不在，

你永远地听我说话，而我的声音触不到你。

你的眼睛好像已经飞走，

好像一个吻已经封住了你的嘴巴。

——巴勃鲁·聂鲁达《我喜欢你是寂静的》

我觉得，我们在多数时候可以生活得质朴一些，不需要过多的仪式感，甚至也并非时刻都要有强烈的情感体验。但那种即使沉默，也能感觉到彼此的情绪和情感都达到顶点的时刻，应该存在。而且，那种身体被欣赏、自身价值也被认可的关系，更是不可或缺的。

因为在两性关系中，被肯定、被认可，甚至被他人好好欣赏所带来的成就感，比在事业上取得成就更为深刻。因为这种成就感源自内心深处，如同自己的身体和生命都得到了他人的认同，这才是真正的生命之光。

我们需要这种欣赏与价值的肯定，这正是我们对性与情感有所需求的根源所在。

第二十三篇

所有相遇都是必然，而非偶然

我看了一部日本动漫电影《我想吃掉你的胰脏》。影片中，女主角樱良和男主角春树的相遇十分特别。樱良把记录自己患病情况的日记本落在了医院，正在等待缴费的春树随手一翻，看到了一个女生的患病日记。樱良回来寻找日记本，就此，两人慢慢熟悉起来。后来，随着两人关系逐渐亲近，很多看似偶然的因素促使他们相爱。但樱良说：这些并非偶然，也不是命运的安排，而是你我的选择，让我们得以遇见彼此。我们是凭借自己的意愿相遇的。

所有的相爱其实都是必然，而非偶然。两个人倘若不是真心想靠近彼此，即便相遇了，也不会相互试探、交往、交流，更不会彼此接纳。很多人认为相爱是偶然的，却不明白爱其实有着内在逻辑：你真心渴望靠近这个人。

若我们把每一份爱、每一次相遇、每一个拥抱都视作必然，就能更好地接纳自己。没错，你与某人相爱是必然，你遭遇婚姻挫折是必然，你此刻承受的悲伤是必然，你能够靠自己走出困境同样是必然。

你内心的躁动、对爱的渴望，你对诸多事物不满足，你想要让内心充满活力，这些必然会促使你遇见某个人。若没有前面这些要素，就不会有这种必然的发生。而每一次必然的发生，都会给你带来一些变化，无论好坏，肯定会让你的生活有所不同。影片最后，春树说，是樱良教会了他更多，让他懂得了接纳他人。爱必然会使一个人改变，必然让这个人越发像自己，必然让他发现自身不同的潜能，必然让他更懂得珍惜生活。

而那个你爱的人，会从一个陌生人变成你生命中独一无二的存在。就像狐狸对小王子说的："对我来说，你还只是一个跟成千上万的小男孩一样的小男孩而已。我不需要你，你也不需要我。对你来说，我还只是一只跟成千上万只狐狸一样的狐狸而已。可是，如果你驯服我的话，我们就会彼此需要。你对我来说，就会是这世上的唯一。我对你来说，就会是这世上的唯一。"

随后，你会开始在意这个人的一举一动，关注他的任何信息，在意他回信息是否及时，在意他在节日里是否有仪式感地表达对你的爱。"如果你驯服了我，我就会变得很快乐，我能辨认出每个人的脚步声，别人的脚步声会让我匆匆躲到地下，而你的脚步声，却像音乐一样，把我从洞里唤出来。同样是金黄色的麦穗，就能让我联想到你，我甚至会爱上吹过麦田的风声。"(《小王子》)

来来回回，每个人都在自己的生活轨道上前行。在这种必然相遇的生活里，希望彼此的生活都能有一点点不同。任何相爱都是必然，而非偶然。就把一切都当作生命的必然吧。

我喜爱诗人辛波斯卡，她有一首诗写道："我向偶然道歉，我竟称它为必然 / 我向必然道歉，如果我还是弄错 / 幸福，我把你当作我应得的，你不要生气。"

第二十四篇
爱情，是内心的古典情怀

在有你的世界上活着多好。

在散放着你芦苇香气的大地上呼吸多好。

你了解我，阳光流到你的唇旁，当我抬手搭衣服时我想。

神秘的风忽然来了。

你需要我。

我看到你微笑时正对着镜子梳妆。

夜晚。

散开的树叶和人间的下落。

一朵云走过。

我抬头望着。

在有你的世界上活着多好。

下雪的黄昏里我默默盯着红红的炉火。

——蓝蓝《在有你的世界上》

我的树洞呈现了各种各样的情感案例，有被欺骗的、未被爱的、平淡无奇的。很多人说读多了这些案例，都不敢再相信婚姻和爱情了，似乎人与人之间很难建立起深厚且长久的感情。

我认为，作为撰写两性情感内容的人，首要的一点是相信爱情在这个世界上是存在的。这仿佛是一种内心的“古典情怀”。我觉得这种古典情怀能让人的生活变得更好。

我喜爱阅读诗歌，自认为是一个相对有古典情怀的人。在与心理咨询师谈论自己的成长经历时，我发觉这种内心的古典情怀在于，尽管我活得很现实——比如大学一毕业就需要出来工作养活自己，也明白要有一定能力才能帮助他人——但我内心深处始终存在一种较为古典的东西。我也说不清那究竟是什么，但它确实存在。

就像今天推荐的这首诗歌，现实中也许很多人都遇不到像诗中所描绘的那样的人，也没有一个人能让你觉得他的存在就是你生活的最大意义。然而，诗歌所表达的正是内心的古典情怀。

爱情也好，与一个人的相遇也罢，这种古典情怀能让自己的生活超脱许多。即便面对现实生活依旧按部就班，却会比很多人过得踏实，而且这种古典情怀很难被夺走。

就如同古典音乐，无论何时聆听，无论在何种环境下聆听，都会被深深吸引。就像《肖申克的救赎》中的安迪，他坚守内心的古典情怀，在监狱里改造图书馆，即便冒着被处罚的风险，也要给全监狱的犯人播放音乐。我觉得这种内心的古典情怀最可贵之处在于，无论现实生活怎样，内心总有一些超越现实的东西。而爱情更是一种超越现实的存在。虽然我们常说要活得现实，但在爱情的巅峰时刻，以及对某个人产生那种极具古典韵味的感情时，其实是超越现实的。

那是爱情，但又不局限于男女之爱。它是一种难以言表的东西，然而你知道它确实存在。就像开头的那首诗所表达的——在有你的世界上活着多好。但回到现实生活中，也许你爱的这个人并不专情于你，或者他有诸多不堪之处，你还会觉得在有他的世界里活着真好吗?

换成是我，我想我会的。因为那个人能够触发我内心的古典情怀。这种感觉很难得。有时候，既害怕活得过于敏感，因为太敏感容易对任何事情都产生触动；又担心活得太现实，因为太过现实就会失去很多古典的东西。

所以，在情爱和婚姻中常常会出现这样的情形：有一个人能给你很好的现实生活，但你可能还是会遇到那个触发你内心古典情怀的人，你依旧会认为，那是古典的爱，是一种超脱了你现实生活的东西。

回过头来看蓝蓝的这首诗歌，其实她所写的也是爱情中的古典情怀。或许我们终其一生都遇不到那个人，但我们依然会想着，和那个人生活在同一个世界，真好。

第二十五篇
光环再盛的男人也是普通男人

从本质上来说，我在此探讨的是人与人之间的关系。无论是婚姻关系、恋爱关系，还是各类交际情感关系，本质上都是在与人打交道。例如，为什么你会喜欢上某个人，为什么会突然对某人不再有爱，为什么你想要靠近这个人，为什么这个人一出现你就会紧张，诸如此类的现象，都和人的情绪紧密相关。看似你不爱这个人了才想要离开，实际上，往往是这个人靠近你时，你会感到紧张，所以才不想与对方再有往来。

在新冠疫情期间，离婚率为何如此之高？这是因为许多处于婚姻中的人，并不具备长期共同相处的能力。一旦共同处在一个屋檐下，矛盾便会滋生，紧张情绪随之产生，夫妻之间充满指责和怨恨。原本这些矛盾所引发的情绪，能通过外界因素得以缓解，然而新冠疫情导致他们被迫长时间共处，所有的紧张情绪都被激化。原本勉强能够维持的婚姻关系，变得完全无法忍受。

当深爱着一个人时，许多问题往往会被掩盖。正如俗话说的，有爱便拥有一切。因为爱具有光环效应，会让你不自觉地给对方增添诸多光环。在这些光环的笼罩下，你自然难以看清对方的全貌。但婚姻生活和现实生活是极为真实的，这种光环在实际生活中作用甚微。毕竟，你是与一个实实在在的人生活在一起，而非与对方的光环过日子。

当光环褪去，你们之间的爱情不再如以往那般浓烈，此时你眼中的对方只是一个普通的中年男人或中年女人。在这种情况下，你们能否自在相处、能否避免紧张气氛，才是关系能否持续的关键。

想要让彼此相处得舒服，有一条至关重要的原则：不要指责。即便对方犯错，或者其行为不符合你的意愿，也千万不要指责。当你指责一个人，尤其是亲密关系中的人时，对方很容易产生抵抗情绪。这种情绪积累多了，对方自然就不想见到你，因为没有人愿意面对一个整天指责自己的人。

看看那些相处紧张的夫妻或伴侣，他们的状态是怎样的呢？当两人处于同一屋檐下，且没有外人在场时，双方都想回避对方。一方可能躲进书房，另一方可能躲进洗手间，或者各自玩手机。那种紧张、尴尬的氛围，只有在第三方出现，比如孩子在场，或者突然来了客人时，才能得到缓解。而夫妻关系、恋人关系一旦发展到这种地步，双方若没有很好地察觉问题，只是感觉别扭却又不去改变，就很容易陷入无话可说的境地，进而渐行渐远。

一个人最舒适的状态是松弛的，即自己想做什么都不会有人指责。一旦你觉得自己做任何事都可能被指责、被说教，自然而然就会把自己封闭起来。当你无法舒展、感觉不舒服时，这个人出现在你面前，你自然会感到难受和紧张。

亲密关系中的伴侣与其他关系不同，因为你们每天都在同一屋檐下生活，只要关系处于紧张状态，你们必然会有所察觉。

一旦你对伴侣产生了强烈的紧张情绪，这或许意味着你们之间的爱情正在消逝。在婚姻中，如果察觉到了这种情况，你需要真实地表达出来，而不是将这种不舒服的情绪积压在心底。当你感到不舒服、紧张时，要思考对方为何会带给你这样的情绪，并与对方进行沟通。如果伴侣是能够沟通的人，那么在关系缓和之后，你们依然可以相互依靠、相互陪伴；如果伴侣不愿反思自己，总认为是你的问题、是你想多了，而其自身毫无问题，那么你们之间的紧张情绪将持续存在，隔阂也会越来越深。所以，这种自我觉察非常重要，因为在亲密关系中，情绪无处可藏，逃避不能解决问题。很多人选择用离婚来处理这种问题，实际上是治标不治本。

第二十六篇
爱情，甲之蜜糖，乙之砒霜

在阅读过数万个情感案例之后，重读列夫·托尔斯泰的经典著作《安娜·卡列尼娜》，书中的每一个字都让我有了全新的感受与感悟。

我想着重谈谈安娜的丈夫卡列宁。在安娜眼中，他宛如“机器人”，一心扑在仕途上，既不懂情调，也不懂艺术和音乐，满心只想着飞黄腾达。那么，卡列宁究竟是怎样的一个人呢？

卡列宁是个孤儿，他有个哥哥。他们对父亲毫无印象，而他们的母亲在卡列宁10岁时便去世了。卡列宁的叔叔是一位高官，曾是先皇的宠臣。卡列宁和哥哥由叔叔抚养长大。卡列宁在中学和大学期间成绩都极为优异。大学毕业后，凭借叔叔的帮助，他迅速踏上了仕途，从此便醉心于功名。大致情况便是如此，一个一心追求仕途的男人，没有时间谈情说爱，经贵妇人介绍，结识了安娜。然而，安娜发觉自己并不爱丈夫，且从未爱过，随后爱上了沃伦斯基，并与之私奔。

那么，卡列宁真的如此不值得被爱吗？实则不然，有一位伯爵夫人深爱着卡列宁，她就是李迪雅伯爵夫人。在安娜和沃伦斯基私奔后，伯爵夫人主动承担起照顾卡列宁及其儿子衣食起居的责任。虽然伯爵夫人自己也处于婚姻之中，但她已全然不爱自己的丈夫。就是这样一个容易爱上他人的人，在某天爱上了卡列宁，并且只钟情于他一人。在安娜眼中毫不起眼、不值得被爱的“机器人”卡列宁，在伯爵夫人看来，却是一个灵魂高贵、值得她用一生去爱的男人。

她爱卡列宁，爱他那高深莫测的灵魂，爱他拖长音的尖细而可爱的声音，爱他疲倦的眼神，爱他的性格，爱他青筋毕露又白皙柔软的手。

你不爱的男人，或许在某个女人眼中是个了不起的人物；你不爱的女人，在某个男人眼中可能如同女神。本质上不过是“甲之蜜糖，乙之砒霜”。你看，安娜如此不爱的男人，伯爵夫人却对其崇拜有加，而对伯爵夫人而言，像沃伦斯基那样的男人，估计她连正眼都懒得瞧。

在婚姻和感情中，最难得的是遇到一个始终欣赏自己，同时自己也始终欣赏和包容的人。这种欣赏和包容，体现在无论你做什么，只要不致使家庭陷入深渊、不造成家庭财政赤字，那么只要是你热爱之事，对方都会给予支持。这样的欣赏和支持才是最难得的。

安娜在沃伦斯基那里获得了支持，她看到了自己的美丽，也在爱情中变得更加美好；而与卡列宁在一起，她既不热衷于他所热衷的仕途，又厌烦那些烦琐的文件，这使得夫妻二人渐行渐远，甚至彼此关闭了心门。

每个人站在自己的立场时，都会觉得自己的爱是真挚而深沉的。例如，李迪雅伯爵夫人认为是安娜给卡列宁带来了痛苦，所以她不希望安娜再来打扰他们的生活。她甚至和卡列宁一起给孩子编造安娜已经去世的谎言，让孩子忘掉安娜。安娜从意大利回国后，想要看望孩子，李迪雅伯爵夫人代卡列宁写信拒绝了，因为她爱卡列宁，不希望安娜再来刺激他。

我们终其一生，不过是想寻觅一个欣赏和包容自己的人。卡列宁在安娜那里未曾得到的欣赏和爱慕，在伯爵夫人这里得到了，那段时间，伯爵夫人甚至成了他唯一的精神支柱。

对他而言，她是那片被敌视和嘲笑包围的汪洋大海中的一座孤岛，一座不仅充满善意，而且满溢着爱的孤岛。

很多时候，我们只是渴望得到他人的欣赏和爱慕罢了，毕竟我们都希望成为他人眼中的“蜜糖”，而非“砒霜”。

第二十七篇

远走高飞的爱情，注定是一场飞蛾扑火

为什么当男女深陷热恋，却不被身边人理解时，都会萌生出私奔的念头呢？这是因为他们觉得逃离当下的世俗生活，去往一个无人认识的地方，便能无忧无虑地生活。我在树洞里收到过许多类似的来信，来信者写道："火养，我们都曾幻想前往一个完全陌生的地方，重新开始生活。但生活实在太难了。"

每个人心中都怀揣着一个远走高飞的梦想。正如舒国治在文章《远走高飞》中所言："重要的是远方，是异乡，是没有熟人、没有过去、没有记忆的地方。"然而在爱情里，往往是女性更倾向于远走高飞，男性却未必如此。

就像茨威格的小说《一个女人一生中的二十四小时》里的C夫人那般。

赵雷那首广为流传的《成都》，唱出了一个男人要离开故乡，却无法带走心爱女人的悲伤："成都带不走的只有你/和我在成都的街头走一走/直到所有的灯都熄灭了也不停留/你会挽着我的衣袖我会把手揣进裤兜/走到玉林路的尽头坐在小酒馆的门口……"这展现出男女之间的离别与爱恋。男人通常会想着去外面探寻更好的未来，而女人则期望能与男人一同闯荡。但男人一般怕麻烦，或者对自身的前景心中没底，所以往往不会带着女人一起走。这段爱恋，或许就成了男人的过往，许多无法带走的爱情，最终只能以分手告终。

许巍也演唱过类似主题的歌曲："我是永远向着远方独行的浪子 / 你是茫茫人海之中我的女人 / 在异乡的路上每一个寒冷的夜晚 / 这思念它如刀让我伤痛 / 总是在梦里我看到你无助的双眼 / 我的心又一次被唤醒 / 我站在这里想起和你曾经离别情景 / 你站在人群中间那么孤单 / 那是你破碎的心 / 我的心却那么狂野。"记得高中时听到这首歌，觉得其中的意境十分美好，男人独自奔赴远方，而在原地有爱人等待着他。可如今再看，却觉得残酷，为何总是男人永远向着远方，而女人只能永远等待呢？

男人总是期望功成名就之后，再来迎娶自己心爱的女人。李琛的《窗外》便表达了这种情感："再见了心爱的梦中女孩 / 我将要去远方寻找未来 / 假如我有一天荣归故里 / 再到你窗外诉说情怀。"男人的梦想在远方，他们渴望建功立业、出人头地、仗剑走天涯。爱情，对他们而言不过是一个驿站，在尚未遇到那个能让自己停留的港湾之前，他们只能不断舍弃、不断前行。

这并非时间合适与否的问题，而是爱情难以束缚男人，却常常将女人困住的问题。如此想来，那些为了爱情奔赴千里的女人，后悔的可能性或许较大。

所以，我常在树洞里劝告大家，如果觉得对自身发展有益，那就勇敢前行；如果仅仅是为了爱情而冒险，还是要慎重考虑，因为远走高飞的爱情，最终可能会让你失望。

第二十八篇
男女之间最大的考验不是情爱，而是温度

婚姻是一种社会关系，既然是关系，就需要考量诸多方面，比如成本、情绪，以及个人生活的舒适度。当一段婚姻关系恶化到极为糟糕的程度却仍不选择离婚，那只能说明你对婚姻这个形式有着极强的需求。今天，我来重点谈谈两性关系中的三个关键词。

第一个关键词是“爱”。

许多人结婚，无疑是为了爱情。爱着对方，对方也爱着自己，两个原本毫无关系的人，要携手相伴几十年，若没有爱，恐怕没多少人有勇气去冒这个险。所以，爱无疑是众多人步入婚姻殿堂的基石。

然而，爱并非必然能长久存续。倘若爱消失了，沟通陷入困境，婚姻变得岌岌可危，你会如何抉择？是结束婚姻，还是继续维持；是寻找下一段感情，还是从此不再相

信婚姻？这些都是我在树洞中常常看到的问题。

第二个关键词是“性格”。

很多人即便只是想搭伙过日子都难以实现，原因何在？因为对方性格暴躁、极端。就像我看过的树洞里的案例，当事人情绪极度不稳定，动不动就打骂孩子，给孩子造成了极大的心理阴影。在亲密关系中，面对性格如此极端、情绪极不稳定的人，另一方会过得战战兢兢，因为不知道对方何时会突然发脾气，也不清楚自己哪句话就会激怒对方。对于这样的婚姻关系，结束或许是更好的选择。

当两个人之间的爱已不再深厚，但没有非离开不可的理由时，就要看双方的性格。如果双方性格温和，能够相互谦让，那么至少还有维持生活的动力。所以，若想让生活更加稳定，就要找一个性格相对稳定的人。

第三个关键词是“温度”。

这里所说的“温度”，并非指热烈激昂的爱。它是指做人的温度，是人与人之间因信任而产生的温暖，是多年陪伴积累下的温情。它并非要求性与爱绝对唯一的爱情，而是人与人之间相互扶持的情谊，你知道在遭遇重大困难、挫折时，对方会陪伴在侧。

人与人之间，最大的考验并非单纯的情爱和性，而是一个人所具备的温度。这种温度意味着，即便爱消逝了，做人的善良、关怀与担当依然存在。

婚姻有时真的难以言表，并非两个优秀的人就能确保恩爱一生，也并非一定要追求爱和性的绝对唯一婚姻才能长久维系。然而，人与人之间的温度却极为重要。这种温度体现在，当你生病时，对方会悉心照顾；当你孤独时，对方会陪伴在旁；当共同育儿需要付出时，对方是得力的伙伴；当你的父母需要照料时，对方也会伸出援手。这些温暖至关重要，若没有这些，婚姻便会失去诸多意义。

通过对这三个关键词的分析，或许你对于是否要继续维持婚姻，会有一个较为清晰的判断。尽管每个人在亲密关系中的判断各不相同，但总体而言，若你觉得婚姻仍可继续，那必定是对方身上还有一些值得你欣赏的优点，至少能让你的生活远离恐惧、有温暖相伴，且对方性格温和，如此，为何不继续走下去呢？

第二十九篇
温度，是智慧，是格局，是风度

普吕多姆曾说：“柔情之于爱情正如风度之于美貌：柔情是爱情的风度。”确实，没有敬意的激情或许存在，但绝不存在没有敬意的柔情。在此，我想补充一点：温度是婚姻中的风度。

“幸福的家庭千篇一律，不幸的家庭各有各的不幸。”想必大家对这句话都不陌生，它出自托尔斯泰的《安娜·卡列尼娜》。安娜在认清男主的虚伪后，选择卧轨自杀，结局凄惨。电影《公爵夫人》中的女主，与安娜有诸多相似之处——同样得不到丈夫的理解，同样为追求爱情而出轨，同样与婚外的男人生下孩子。然而，公爵夫人的结局却好得多，她最终没有与公爵离婚，还能时常看望与婚外情人生的孩子。

为何两位女主的结局如此不同？这与婚姻中的男方有很大关系。《公爵夫人》中的公爵，比安娜的丈夫卡列宁更有温度。人自身所具备的温度，在婚姻中至关重要。

先拿电影中的一个细节来说。当公爵得知妻子与情人在其他城市约会后，直接找上门去。但他并未让妻子太难堪，而是拿出三个孩子写给妻子的信，表达希望妻子回到孩子们身边的想法，只要妻子与情人断绝关系，他就不再追究。公爵夫人打开信件，看到孩子们对她的思念之情，瞬间崩溃，当即回到公爵的庄园陪伴孩子。后来情人找来，她对情人说，自己不可能为了他而丢下三个孩子。不过，回归家庭并不意味着婚姻就能顺遂美满。许多为了孩子而维持的婚姻，还需要一样至关重要的东西，那便是男方的温度。

再看另一个细节。一切归于平静后，公爵夫人坐在沙发上发呆，神情落寞，仿佛失去了所有。公爵坐在她身旁，虽不知如何安慰，却主动放低姿态，轻轻握住公爵夫人的手，公爵夫人也将另一只手搭了上去。这个细节意义非凡，它传递出一种和好的信号。

若想让婚姻持续且美满，就绝不能让婚姻变得越发冰冷。无论谁犯了错，若一味地辱骂、冷战，总拿对方的过错说事，以彰显自己的正确或发泄怒气，是无法改善婚姻关系的。只有夫妻双方都适当放低姿态，才能让婚姻关系更加稳固。

我在树洞里收到过这样一封来信。一位中年女性，对自己的婚姻感到不满，此时她大学同学中的一个学霸向她示好，这位学霸如今已是一位知名专家。女人在对方的示好下沦陷了。男人希望女人离婚与自己在一起，但女人综合考虑后没有同意。之后，男人为留个“证据”，拍下了两人在一起的照片。后来女人觉得维持这段关系太累，便想回归婚姻，情人也没多言。不久，女人丈夫的手机上却收到一条信息，内容大致是让他看看妻子是个怎样的人，并附有链接。然而，男人并未点开，而是对妻子说，他相信妻子，所以懒得点开。女人心中一惊，她知道链接里可能是她与情人的照片。

这封来信内容很长，读到这个细节时，我不禁感叹这位丈夫的智慧。他明知信息可能对妻子不利，却未点开，而是将主动权交给了妻子。在婚姻中，最难得的并非单纯的爱，而是智慧。不是那种要求所有事情都毫无保留、完全透明的爱，而是相信对方本质善良，不会做出太过分之事的智慧。

这位丈夫没有揭开妻子的秘密，而是选择尊重妻子的隐私，从而维护了自己的尊严。实际上，我们在保护他人的同时，也在保护自己。

婚姻之事，并非要将一切都弄得明明白白、毫无隐私，而是需要温度与智慧来维系。所以，只有两个人的人格都足够成熟，婚姻才能走得更远。不要过度迷信爱情，更不要轻信绝对的忠贞，而应相信一个人人格的成熟度以及对人性的接纳程度。

第三十篇
情爱里最底层的善意，是“不利用”

有一个女人，她年少时深爱着一个男人，男人却对女人并无多少爱意，更多的是出于性的需求。然而，女人却深陷其中，任由男人不断利用她的这份爱。当女人失望透顶，选择离开时，男人没有挽留，甚至还觉得如释重负。多年后，女人结婚了，身份发生了变化，整个人也越发优秀。此时，男人与女人再度相遇。女人惊讶地发现，自己依然无法放下这个男人，于是两人又发展成了情人关系。大家有没有发现一件事？那就是这个男人始终清楚，这个女人爱他，无论他做了什么，只要他出现在女人面前，女人就会再度与他在一起。当然，对当事人而言，她觉得对方是陪伴自己整个青春的人，无论爱或不爱，都难以割舍，到了中年，仍延续这段关系，仿佛是对青春的一种怀念。

但我看到的却并非如此。这类男人十分精明，他们一直在利用女人的“爱”。年少时，他们有强烈的性需求，心里清楚眼前的女人并非结婚对象，甚至从未想过让她成为正式女友，但出于自身旺盛的性需求，利用了女人对自己的爱。当男人遇到合适的结婚对象时，由于从未对这个女人动过真心，便轻易地与女人分手了。女人觉得自己受到了极大的伤害，可对男人来说，他不过是失去了一个性伴侣而已。到了中年，男人在婚姻中的激情逐渐消退，而女人却变得越发漂亮且更具魅力。这时男人又来找女人，因为他知道女人还没有放下自己。

我认为在这种关系中，最可恶的一点是，男人自始至终都明白自己并不爱这个女人，甚至从未想过与女人发展成正式关系，却因有性需求，便利用女人对自己的好感，且变本加厉地利用。而女人将自己的爱倾注在这个男人身上，却得不到对等的回应。当男人未婚时，女人会困惑为何男人从不承认她是女朋友；等男人结婚后，更不可能离婚与她在一起。可女人就是难以放下。

在两性关系中，我觉得最根本的善良是不利用。即当你知道有人爱你，而你没有给予对等的爱的能力时，不要为了满足自己的某种需求去利用对方。如果对方心甘情愿倒也罢了，但很多时候，利用者往往得寸进尺，因为知道对方爱自己，便肆意消耗对方对自己的好感。现实中，就有不少人利用对方的爱，骗取钱财和礼物。

要判断一个人是否值得交往，关键就看他是否具备这种最底层的善良，即不利用对自己有好感的人，因为这种利用最容易伤人。

读过我许多文章的读者应该明白，为何我总是劝告那些爱上已婚者的未婚者断绝关系，尤其是喜欢上四五十岁已婚男人的二十多岁的女孩，我之所以不厌其烦地劝说，是因为这些已婚男人到了那个年纪，深谙如何利用未婚女孩的“爱”，而未婚女孩往往不懂得如何判断男人到底是出于爱还是其他动机。在这种本就失衡的关系中，女孩很容易被男人掌控。

同样，对女人来说，不利用男人对自己的爱与好，既是你的善意，也是对自己的一种保护。总之，通过两性关系去利用他人，最终不仅会伤害爱自己的人，也会伤害自己。

第三十一篇

男人的道义，比爱更重要

我始终觉得，男女之间，乃至人与人之间，那一丝善意最为重要。而这种善意在具体事情上的体现，便是一种道义。

情感高峰时的死生契阔、山盟海誓，都如过眼云烟，转瞬即逝。毕竟，谁也无法保证双方始终处于这样的情绪巅峰状态。但如果人与人之间产生过情感连接，有过深入的交往与接触，那么在对方遭遇困难或需要帮助之际，在自己能力范围内伸出援手，而不是袖手旁观，甚至落井下石，这便是做人应有的一点善意和道义。

在两性关系中，许多人恰恰缺乏这种善意，只剩下你死我活的争斗，或是非黑即白的极端选择。例如，有些男人为了满足性需求，偷拍女人的裸照，或是将事情闹到女方单位来威胁女人，迫使女人就范，这完全是心术不正的表现，与爱毫无关联。当一个人为了达到某种目的而不择手段时，是极为可怕的。性与情感本是单纯的事情，一旦掺杂了这种心术不正的手段，就已然超出了正常范畴。

实际上，如果一个男人能对自己爱过的女人悉心照料，那么他对其他伴侣大概率也不会差。倘若婚内的伴侣遇到类似困难，他或许会投入更多的资源和精力去帮忙。反之，一个男人若对所有人都冷淡无情，即使看似行事正确，实际上一旦某天你真有难处，他会比任何人都冷漠，因为他的内心根本没有善意。我曾写道，一个人无法给予自身所没有的东西。他既然对谁都缺乏温暖与善意，那么对你也不会例外，即便你们已经结婚十年甚至二十年。

选择婚姻对象，或者决定与谁在一起，不能仅看对方是否专一和忠贞，更应关注他对人是否怀有基本的善意与道义、对诸多人和事是否具备怜悯之心。倘若他具备这些品质，那么即便你们最终分开，或者你遭遇困境，也不至于陷入太过狼狈的境地。

一个有能力帮助你且心怀善意的男人，除了感激他的帮助，还能有什么别的想法呢？更何况，某天即便他的婚姻出现问题，我相信，遇到这样的男人，女人也不会轻易放手，因为至少他的能力和善意依旧存在。

我的树洞里收到过许多原配来信，她们在发现男人稍有不对劲时，无论这个男人平时表现如何，都一票否决，闹着要离婚，甚至采取极端方式，使婚姻无法挽回。对此，我通常建议不必急于离婚，因为一个有情有义的男人，并不一定能在情感上对你绝对专一，但他可能仍是值得托付的对象。万一你真的遇到什么事，或者家里出现问题，他依然会义无反顾地给予帮助。反过来，男人在选择婚姻对象时也是如此，选择一个性格温和、懂得变通和自我调整的女人，远比选择一个非黑即白、过于极端的女人要好得多。

这便是婚姻中的弹性思维，可惜很多人并不具备，他们只有简单片面的思维方式。最终，这种简单片面的思维方式会让许多人陷入绝望与悲伤之中，而当事人往往意识不到，自己原本所选择的其实已是上上之选。

人性复杂且幽暗，婚姻漫长又琐碎。当人性的幽暗与漫长的婚姻相碰撞，谁也无法保证婚姻就是一个高枕无忧的保险箱。一旦善意逐渐消逝，那么人与人之间的婚姻关系、情感关系都会变得令人痛苦不堪。因为善意是极为珍贵的，当你总是采用极端方式激发人性中的恶意，那么许多关系注定无法修复。

第三十二篇
两性中的道义并不高尚，只是基本常识

男女之间的爱恨情仇，无论历经多少年，只要人类存在，便会一直延续。

在两性关系中，每个人都有自己的一套行为准则。然而，很多问题本应成为基本常识，正如人类文明不断发展，

人的诸多行为都须符合基本道德规范一样。

由于两性关系涉及个人隐私与欲望，所以很容易引发冲突。对于许多人，尤其是男性而言，把握好对异性的尊重以及行为边界并非易事。我认为，在两性关系中，以下原则应当成为道义与基本常识。

其一，两人之间的性行为，应永远作为两人的私密之事。除了在接受相关治疗时可能需要谈及，在日常交流中，必须严格保密，绝不能与第三方讨论和伴侣的性关系，尤其是细节。

很多人难以做到这一点。前天我就收到一封来信，信中女子用其他账号试探男友，男友竟毫无顾忌地向这个“陌生人”滔滔不绝地讲述他们之间的性爱细节，这让女子十分难受。毕竟许多细节是仅属于两人之间的私密信息，随意透露并不会给自己增添光彩，反而会让听闻者觉得此人过于口无遮拦。

其二，性行为应遵循自愿、隐私、舒适的原则。若不是出于自愿，采取强迫手段或乘人之危，不仅违背道义，情节严重者甚至会构成犯罪。尊重他人意愿，是性行为中最为关键的一点，稍有差池就可能触犯法律。所谓隐私，即性行为须在安全、私密的环境中进行，且不能对外传播。至于舒适，从许多树洞来信可知，有人甚至长达一年都在车里解决性需求，这实在难以期待其舒适度。在当今社会，成年男女想要拥有一定的私密空间来完成性行为，让彼此感觉舒适，并非难事。如果每次都在局促的空间里进行，这样的性行为很难说是一种享受，或许只是男性单纯为了发泄欲望，草草了事。

其三，每个人对性的态度都不相同，我们应当尊重每个人对性的认知。例如，我收到的来信中，有些人对性看得较为豁达，认为这只是人类正常的生理需求，有需求便要解决，无须上升到过高的层面。但也有些人觉得性无比神圣，只有在爱情的基础上，只有当男人深爱自己时，才可以发生性行为，并且认为一旦发生关系，自己便属于这个男人了。类似的想法在不少女性中依然存在。所以，我们要尊重不同的观念。就像每个人的性能量不同，有的人需求多一些，有的人需求少一些，有的人甚至没有需求。作为成年人，应该做的是寻找适合自己的性关系，而不是强迫对方认同自己的观点或性行为。

其四，性之外还存在一个更为广阔的世界。人类的性极为复杂且微妙，正如《性心理学》中所述，人类的性是唯一带有思考与情绪的，并非纯粹的动物本能行为，正因如此，才显得格外有趣。比如，许多无性的男女，并非真的不需要性，只是他们不会随意与街上的陌生人发生性行为，因为人类性行为的发生需要诸多附加条件。如今的社会，虽然看似发生性关系变得更容易了，但实际上人们变得更加挑剔了，性行为发生的概率反而在降低。从性的角度来看，这个时代人们的性行为其实在减少，表面看似容易，实则只是小部分情况，绝大多数人在考虑发生一段关系时，仍会带着深刻的思考，权衡需要满足的条件以及各种可能性。

其五，性始终是极为私密且非常依赖感觉的行为。所以，当性行为发生时，意味着你对这个人已经有了基本的判断，不必给自己过大的压力。但在此之前，一定要做好充分的考量，因为一旦发生性行为，至少表明在那个时间段你信任这个人，毕竟，并不是所有人都有机会与你亲密接触。这也应成为一种常识。

第三十三篇
看他不爱你的时刻

摘要：爱情中的底线思维就是，你不要看他高光的时刻，也不要看他爱你的时刻，而要看他愤怒的时刻、生气的时刻、落魄的时刻和不爱你的时刻。

我见过太多女性，在爱情里毫无底线。随便列举一段她们的经历，都让我不禁疑惑：这些女人究竟是如何在这样的婚姻中生存下来的？

有一封来信是这样描述的：我老公特别爱喝酒，几乎每天都喝。昨晚他第一次醉得连回家的路都不记得，还摔倒了。结婚二十八年，从没见过他像昨晚那样糟糕的情况，想想真是太危险了，他的脸和手都摔伤了。您说我该怎么做才能避免下次再发生这种事呢？还有，为什么他一喝醉就会莫名其妙地骂我甚至打我呢？他不喝酒的时候，一切都好好的。平常我都尽量顺着他。您说他到底还想怎样？就像昨晚，他出去喝酒的时候还很正常，可十一点多了还没回来，我打电话过去，他一接电话就骂我。听声音，他醉得厉害，我问他在哪里，他说自己也不知道。最后，我通过定位他的手机，才知道他的大致方向，然后去找他。大半夜出去找人，真的特别害怕……

要是你遇到一个喝酒必醉，醉后不省人事，还对你实施家暴，事后又不承认，甚至可能把自己丢在马路上，等着你来寻找的男人，你会怎么办？难道真要等到出大事吗？因为和他存在法律关系，你又不能不管。

所谓的底线思维，就是看人不能只看他表现出色或对你爱意满满的时刻，而要看他愤怒、生气、落魄以及不爱你的时刻。年轻时的甜蜜爱情，确实容易让你觉得对方完美无缺，但你可能完全不清楚他的底线究竟在哪里。很多人在婚姻和感情中缺乏底线思维，总想着事事都要完美，爱情要完美，婚姻也要完美，可哪有这么好的事呢？这种对完美的刻意追求，往往会导致你对一个人缺乏全面的判断。底线思维其实是一种自我保护，说得直白点，关键时刻甚至能保命。

如果以底线思维去衡量他人，那么能遇到一个人格基本健全的人就已经很不错了。性和爱情这些，并非完全没有商量的余地。很多人一遇到感情问题就反应过激，喊打喊杀的，其实哪有那么大的仇恨呢？不过就是一些感情上的事罢了。

第三十四篇

悸动不安，是对“情绪樊笼”的冲破

摘要：所谓岁月静好，不过是你懒得思考。岁月从来就没有真正静好过。人心的躁动、欲望与不甘从未停止过。

人在婚姻中，为何会有各种不安与悸动呢？为何会出现婚外情？许多看似平静且幸福的婚姻，为何也存在各种情感问题？尤其是人到中年后，很多人虽然表面上幸福，内心却惶惑不安，在日复一日的生活里，全然感受不到自身身心触觉的存在。那些满足于所谓“岁月静好”的人，实则是在让自己的身心丧失对社会的感知。所谓的岁月静好，不过是你懒得思考。岁月从来就没有真正静好过。人心的躁动、欲望与不甘从未停止过。

我在研读著名心理学家萨提亚的《心的面貌》时，有一段话让我深刻理解了强调岁月静好的人是如何形成的。萨提亚说："这些人本性善良，只会选择性地忽略不如意之事，他们从不提出过分要求，常常隐忍度日，既不愿欺骗别人，也没有擅长的技艺，只愿平凡度过一生。这种处世哲学无可厚非。然而，我多年的亲身体验告诉我，秉持这种退避观念的人，极易陷入乏味的生活，也很少有愉快的体验。真实的情况是，我们都身处'情绪樊笼'之中却浑然不觉。"这类人忽略了一个最根本的事实：我们始终处于运动之中，持续地对内在和外在世界做出反应。

你越是满足于某一时刻的生活，就越容易陷入乏味。因为人心是不断变化的，需要持续的挑战来充实滋养。这正是婚姻最难维系之处，也是婚外情难以杜绝的原因。毕竟，你很难保证遇到一个能在精神和身体上一直满足你所有需求的人。一旦精神上出现诸多不同步，身体上的吸引力也将日渐消退，婚外情的出现就难以避免。就像树洞来信中的一位女性，因过度爱一个人而心生嫉妒，渴望一直占有对方，期望能与之共度一生。这其实仍是一种精神上的依赖。

我的观点是，若想让自己的触觉始终保持敏锐，对爱始终保持有感觉的状态，并非要寻找婚外情人，而是去挑战那些你之前总是逃避的事情。很多时候，人总是习惯逃避，人都有惰性，总想避开一些痛苦，可后来才发现，该吃的苦一样都逃不掉。比如，你曾以为婚内的男人会爱你一辈子，于是安心做全职太太，某天对方突然变心，你才发觉，以前逃避的工作问题，终究还是回到了你身上。实际上，一旦产生这种逃避心理，便是你退步之时。你躲在一段关系里，安于某个角色，如母亲、妻子或家庭主妇等，其实也是你敏感触觉逐渐消失的时候。

看看那些几十年来在岁月里变得狭隘无趣的人就明白了，依附于某段关系、某个人，或许能获得暂时的安稳，但实际上仍会感到失落。真正的幸福，是去挑战让自己内心不安的那部分，凭借耐力和毅力去践行内心最想做的事，这才是保持心思敏锐的方法。拥有爱情固然美好，若没有爱情，其实也不妨碍你对这个世界保持同样的感知。

第三十五篇
避免两性中的戾气，要做到“不试探”

很多人喜欢在情感和婚姻中试探人性。就如同我之前在树洞公布过的案例：有人用几个微信号加男人，试探男人是否忠贞；在古代，还有男人让自己的兄弟去勾引妻子，试探妻子是否对自己忠贞，诸如此类。这类对人性的试探毫无意义。若试探出问题，不过是自讨苦吃；若试探无果，也并不能增添多少幸福感，而且还极易引发戾气。

“抓奸”一词，堪称最能体现两性关系中戾气的词语。有些人将性和情感过度放大，甚至借此攻击他人人格、侮辱他人以获得快感，还自以为得到了极大的满足。这种戾气从古至今从未消散，即便在当下，仍有不少人对此津津乐道，我的树洞里就有诸多此类事例。这意味着，我们看似在性和情感方面秉持传统观念，却又热衷于借性和情感攻击他人，由此形成了一个悖论：看似追求最传统的婚姻模式，然而婚外情现象却屡见不鲜；看似凭借道德或者无处不在的戾气警示那些蠢蠢欲动的男女，可人性在诸多禁忌中反而体验到更多快感。

许多人热衷于试探人性，甚至在思想和情感这类本就私密的领域，也要求对方与自己完全一致。结果往往是，只要对方稍有分心，便认定其为坏人，进而肆意宣泄自己的暴戾之气。在一段关系中，若动辄就能激发人内心深处的恶，那么这段关系最终必将走向终结，因为内心的恶被过度激发，极易使人变得面目全非，而暴戾之气恰恰最容易诱发人内心的恶。

为何在亲密关系中，人容易激发出内心的恶呢？这是因为亲密关系中的男女对彼此的底细最为了解。你骂对方一句“恶心”，对方可能回敬你一句“烂人”。在这样的言语交锋中，双方互不相让，尤其是有些人，喜欢揪住对方的“缺陷”持续攻击，最终致使对方内心的“恶”不断被激发，甚至可能演变为暴力事件。到最后，人们会怀疑，曾经与自己亲密无间的那个人，究竟是人还是鬼。因为这种暴戾之气的蔓延，会让彼此曾经拥有的美好消失殆尽。

那么，该如何控制这种暴戾之气呢？当在一段关系中，感觉自己内心的“恶”被激发时，要尽快加以阻止。控制住自己的内心，让自己冷静下来，切勿让这种恶肆意宣泄，因为一旦内心的“恶”被释放出来，必然会伤害他人，此时只能依靠意志力克制自己。倘若对方是那种自认为“绝对正确”且戾气极重的人，那就要多加小心，尽量避免与其发生正面冲突，甚至可以考虑结束这段关系，因为他日后很可能仍会不断激发你内心的“恶”，使你最终难以自控。

很多人尚未学会如何与人好好相处、好好沟通，便匆忙步入亲密关系，那么在亲密关系中被激发出戾气也就不足为奇了。远远望去，对方可能是个温暖、健谈的人，但真正走近后，才发现根本无法确定对方究竟是怎样的人。

如何避免这种暴戾之气呢？

永远不要试探人性。对他人形成整体印象即可，而不要刻意去激发对方身上的恶。

当对方用言语攻击你，令你内心的恶意涌起，也想反击对方时，务必冷静几秒钟，这或许能避免事情恶化。

两性及亲密关系讲求求同存异，任何人都不可能与你的思想完全一致。关于情爱的问题，在不触碰法律的前提下，都可商量解决。

即便对方犯错，也应始终给对方留条退路，切勿将其所有后路堵死，否则对方只能与你正面冲突，最终导致两败俱伤，后果不堪设想。

愿你活得温暖且有力量，足以抵御一切暴戾之气。

第三十六篇
真挚的感情，允许瑕疵

摘要：真挚的感情并不意味着毫无瑕疵，表达真挚感情的人也未必是完美无缺的好人。真挚的感情是在某个特定时刻、某个时间段，于某个人身上真切存在的情感。

如果一个人不相信世上存在真挚的感情，那他就不必涉足两性话题的创作了。因为两性关系中最动人之处，恰恰就在于真挚的感情。而要判断感情是否真挚，就需要保持极高的敏感度，以及对真挚感情有深刻的认知。在我收到的树洞来信里，那些真挚的感情总会让我心生强烈的敬意与好感。

真挚的感情并不意味着毫无瑕疵，表达真挚感情的人也未必是完美无缺的好人。真挚的感情是在某个特定时刻、某个时间段，于某个人身上真切存在的情感。

说到真挚的感情，我想介绍一部电影——《永远的三丁目的夕阳》，这是一部节奏缓慢的电影，豆瓣评分高达8.8分。由于节奏较慢，而且故事冲突并不强烈，观看时需要些耐心。但当你看到最后，便会沉浸在电影营造的氛围之中。看完后，我一直在思索其中缘由，想来想去，觉得正是那种真挚的感情打动了我。这里就不复述整体故事情节了，我来讲几个令人泪目的情节。

其一，落魄文人作家芥川向广美求婚。在广美的居酒屋中，他拿出一个盒子，对广美说道："对不起，跟我结婚吧。我现在的钱只够买这个盒子，不过很快我就能买得起盒子里该放的东西了，等我的稿费再多一些。"广美回应："给我戴上，那个总有一天能买来的戒指。"尽管盒子里没有戒指，芥川还是郑重地做出给广美戴上戒指的动作。广美看着自己光滑的手指，仿佛戒指真的戴在了手上。在电影结尾，广美准备演出前，在夕阳下依旧如此认真地看着自己的手指，感觉那个本不存在的戒指一直戴在她手上。

其二，芥川收养孤儿淳之介。起初，芥川极不情愿收养他，广美说是自己朋友的孩子，居酒屋没地方住，才让他到芥川的小糖果铺借住。后来，芥川发现淳之介竟是自己童话故事的小粉丝，这才对他有了好感，两人便在小糖果铺相依为命。某天，淳之介的生父找来，要带他走。芥川见淳之介的生父是大集团老总，孩子的生活有了保障，便送他上车。可当芥川回到家，看到淳之介留给他的信后，立刻狂奔着去追那辆远去的汽车。跑着跑着，在某个拐角处，竟发现了淳之介。原来，淳之介不想跟生父走，他想和芥川一起生活。然而，芥川看到他后，却不停地推着他走，因为这意味着淳之介能有更好的生活。芥川边哭边推他说："你要去啊，那意味着更好的生活，我和你毫无关系，我们完全是陌生人啊，笨蛋。"但淳之介就是不肯离开，最后两人相拥在一起。

你明明知道这种感情在现实生活中很罕见，这类故事的结局大多是孩子跟着有钱的生父走了，可看到这一幕时，还是会被那种真挚的感情打动。以前，芥川总是说："你走啊，我们是毫无关系的陌生人，我和你毫无关系。"他连自己都难以养活，为了给孩子买个圣诞礼物，还得向邻居借钱。可当孩子真要离开时，他却去追；追上了，又希望孩子能跟着生父过上更好的生活。而孩子则更纯真，他只是觉得自己喜欢这里，喜欢这个人，所以就不肯走，全然不顾生父那边能提供多么优越的物质生活。

还有星野六子，雇主铃木则文给她买了回家的车票。但她觉得自己出来后，父母从未给自己写过信，还说“你出去了，我们少一个人吃饭了”，因此不想回家，认为是家里人不要她了。后来，雇主的妻子友枝拿出一大堆信件，那都是六子的母亲写给她的。六子的母亲特意叮嘱雇主，不要让六子看到这些信，怕影响她工作。六子读完信后，飞奔着前往车站，雇主一家则开车送她回去。一家人望着夕阳，孩子说：“明天，后天，就算是50年后，夕阳也会是这么美。”

第三十七篇
怜悯，是对一切情爱之苦的救赎

摘要：欲望本身不是错，容易走极端、毫无怜悯之心的人才真正让人感到恐惧和难受。

在日常生活中，似乎人人都怀揣着善意，各自秉持一套生活哲学与说辞。然而，怜悯之心才是深入理解他人及其情感世界的根基。倘若缺乏怜悯之心，人就极易走向极端。

前两天，树洞收到这样一个案例。一位女性在婚前便察觉到男方容易走极端，可彼时她自觉年龄到了，男方又有结婚意向，于是两人步入了婚姻殿堂。起初几年，婚姻生活还算平静。但后来，女方在婚姻中逐渐感到情感匮乏，加之此前已多年无性，偶然间，她与公司同事发生了婚外情。

女方的婚外情很快被丈夫发现。男方极端的性格瞬间暴露无遗，为了夺取婚内财产，他威胁女方，称若不签署净身出户协议，便要去公司大闹。无奈之下，女方只得将自己婚前购置的价值千万的房产留给男方，自己搬出去租房生活。

在两性关系里，若能多一分怜悯，诸多悲剧本可避免。说白了，情爱往往是人类欲望的迷障，可有些人却将其当作伤人的利器，只要掌握了这武器，便肆意践踏他人的尊严，全然不顾往昔那一丝温情。

容易走极端的人往往缺失怜悯之心。但凡有一点怜悯之心，就该明白，即便在情爱中迷失，又何必把对方逼入绝境？可有些人却自认为手握无上真理，非要将过错方赶尽杀绝才觉得自己取得了胜利。

情爱本就极为私密，身处其中的人很难保证如教科书般正确。一旦缺乏怜悯之心就极易揪住对方的一点过错不放，并将其无限放大。甚至在许多写作者的文字中，我也感受不到这种怜悯。

面对诸多悲惨的情感案例，我满心难受，常想，若是其中一方能多些怜悯之心，事情或许不至于发展到无法收拾的地步。

人本就是欲望的产物，而欲望本就复杂难辨。若非要将这复杂的欲望塑造成纯洁无瑕的模样，对人性中的缺点、劣根性视而不见，只因他人一点情感瑕疵，就将人往死里打压，还自以为获得了至高无上的胜利，这种缺乏怜悯之心的行径才是两性关系中最可怕、最恶劣之事。

请怜悯那些孤独的人、敏感的人、爱而不得的人、追逐情爱的人吧。

以下是陀思妥耶夫斯基的小说《罪与罚》中的片段：

他走到她面前，他的眼睛闪闪发亮。他双手抓住她的肩膀，直对着她那挂满泪珠的脸看了一眼。他目光冷漠、兴奋、锐利，嘴唇抖得厉害，突然他迅速俯下身去，伏在地板上，吻了吻她的脚。接着罗佳对索尼娅说："我膜拜的不是你，而是向人类的一切苦难下拜。"

只有拥有怜悯之心才会说出，我是向人类的一切苦难下拜。

第三十八篇
无疾而终，好过撕扯

能无疾而终、和平分开，彼此没有深仇大恨就结束的感情，其实都还算不错，至少达到及格线了。感情并非纠缠得越深就越好，相忘于江湖，远胜过相互撕扯。

一段感情能够好聚好散、无疾而终，已然算不错了。无疾而终意味着两人之间没有太多的纠葛，或许会有一丝不甘心，也有一些不愉快。但仔细想想，对方在这段感情里并非坏人，也付出过，自己也没有遭受重大损失，无非是在感情中陷得深了些，觉得对方有些辜负自己罢了。

这样能和平分开的感情都不算太差。毕竟现实中有太多容易在感情里冲动上头、继而撕破脸皮的男男女女。有些人甚至在每段感情结束时都要歇斯底里、大吵大闹一番才肯罢休。所以，能够平静地结束一段感情，波澜不惊，这样的感情就算得上是好感情，至少说明你遇到了一个人品尚可的人。

那些在感情破裂时撕得昏天黑地，不断曝光对方隐私，心怀仇恨无法释怀的人，只会越发显得不堪。离婚或者分手往往最能检验一个人的品格。

新闻里时不时会报道用裸照、视频威胁他人的违法案例，这都是品行极其恶劣之人的所作所为。但凡做出这种事的人，无论他有多大本事，都应被一票否决。在男欢女爱之际，若对方同意你拍摄，那是给予了你极大的信任；若是你偷拍，那便是犯罪，最后还将其用于要挟他人，只有品格低下之人才会做出如此行径。爱过，无论最终结局怎样，都理应送上祝福。

感情大概是这世间最难以言明的东西了。它需要两个人相互有好感，并且双方都期望能携手一直走下去，此外，还需那么一点点运气。或许你付出了全部，最终却一无所获；或许你渴望走到最后，对方却中途偏离；或许你认定了一生一世，最后却发现彼此不过是过客。

一段感情未能走到终点，谁都会有些委屈。只是这些委屈与苦楚，终究还是藏在心底为好。拿出来倾诉，别人也只是听听而已。倘若听者能严守秘密倒也罢了，但人心难测，秘密一旦出口，便再难掌控。实际上，最终也只有时间能给你答案。

恶语相向、互相揭短，终究显得难看。彼此祝福、相忘于江湖，即便爱情消逝，也能留下美好的情谊。

很多时候，在怨恨之中，女人常说某某毁了自己的一生。可实际上，没有谁能真正毁掉你，毁掉你的是自己内心的执念。

感情中会有高潮时刻，也会有令人痛苦的阶段。原本平静的生活，因这个人的闯入而被打乱，有过欣喜，有过迷茫，也有过痛苦。人总是在这样的情感循环里，慢慢变得坚强一些。然而，下次遇到类似情况，可能依旧会难受和不甘心，这都是人之常情。

人活于世，最大的特点便是惯性。当你在四五年的时光里习惯了一个人的存在，即便你清楚这个人迟早会离开，但当那一天真正来临时，你依旧会难受、痛苦，脑海中会涌现出无数想法。这便是感情的复杂之处。我们正是因为经历了这些情绪，才逐渐变得强大。一段感情能无疾而终，是因为我们明白，大家都是平凡人，并非完美无缺，但也绝非大奸大恶之人，甚至在某些时刻，对方还给予过美好的体验与帮助。

永远有多远？这是让人不敢轻易承诺的事。不过，保持敏锐、开心，并始终怀有热情，却是我们能够做到的。

第三十九篇
无论情爱带来多少痛苦，人间依然值得

经常有读者留言问我：“火养，你怎么能看得这么透彻？”其实，我也并非无所不知，没有人能够真正将情感问题完全看透。我只是比其他人对情爱多了几分兴趣，多

了一些慈悲与理解罢了。用自己在道德上的优越感去指责他人的情感，这种行为是不可取的。

我写过这样一句话："文字虽无答案却蕴含力量，回应与希望便是这力量的体现。"随着阅历渐长，我见识了形形色色的情感故事——欺骗、隐瞒、倾轧、背叛……然而，因为我内心有力量，所以能够化解这些负面元素，它们并未让我越发难过，反而让我觉得这世界越发有意思，人间越发值得留恋，值得去爱，值得去期待，值得去经历，值得去体验。我希望将这份力量与对人间的珍视传递给你。

那些诉说着自己深爱着一个男人，做任何事都想着他，却因现实注定无法与对方在一起的女性，我想对你们说：人间值得，值得你去爱一个人。这就如同给自己的人生许下一个悠长的心愿，期望年老之后，依然有这么一个人，值得自己倾心去爱。

那些自称被老公伤害，独自带着孩子艰难生活的女性，我想对你们说：人间值得，孩子值得你去守护，看着他们慢慢长大。孩子是光，而你自己亦光芒万丈。

那些倾诉自己处于几年甚至十几年无性婚姻的女性，我想对你们说：人间值得，值得你去寻觅温暖的怀抱，去遇见更懂你身心需求的人，也值得你好好关爱自己的身体与情欲。

那些哭诉自己因一段婚外感情而被折磨得无法正常

生活的女性，我想对你们说：人间值得，你所经历的折磨与痛苦，在这里都能得到暂时的停歇。你可以放不下，可以痛苦，也可以怨恨，但停歇之后，人间依旧值得你继续前行。

那些吐露自己原生家庭痛苦不堪，曾遭受诸多伤害，却无人理解、难以言说的女性，我想对你们说：人间值得，如今你终于摆脱了过去，有了掌控自己命运的机会，值得你与那些不堪的过往挥手作别。

经典文学名著《简·爱》中有这样一段描写：“简·爱去见罗切斯特之前，想到自己卑微的出身和命运，心里满是忐忑，不知等待自己的会是什么。但她在心底给自己打气：多少人在承受比我更为孤寂的灭亡，多少人在默默反抗自己的命运。”我想对每一位努力追寻爱情、奋力挣脱自身束缚的女性朋友说：你们都如同身形弱小却充满无穷力量的简·爱。在尘世中挣扎的你，即便遭遇欺骗，即便受到伤害，也始终没有让自己麻木，没有放弃，没有失去爱的能力。那么，人间值得。

有些人说：“人间不值得。”但我想说，凡尘有多美好，人间就有多值得。倘若人间不值得，你们也不会如此努力地去爱、去痛、去嫉妒、去患得患失。很多读者来信诉说自己的痛苦时，我总会告诉他们：“放下痛苦，别放弃美好。”因为人间值得，值得我们去付出，去感受爱、感受疼痛、感受孤独。

我常说，人是在不断成长的。成长并不意味着，一见到丑陋与欺骗就觉得人间不值得。而是无论见到什么，都觉得人世间如此丰富多彩、趣味盎然，值得我们走这一遭。

我们来到这个世界，并非要去寻觅一个完美的世界，因为那样的乌托邦并不存在，也不存在完美的爱情与婚姻，毕竟完美的人并不存在。而是无论经历什么，都要坚信人间值得。如此一来，无论处于何种感情状态，我们都能坦然接纳自己。

你能看穿对方在欺骗你、敷衍你，能看出对方对你仅有欲望，没有爱意，尽管你不喜欢他人性的弱点，但你依然用自己的方式包容着他人，同时也接纳并不完美的自己。

第四十篇
中年人的情爱，是一种宁静的激情

先推荐一首诗歌：

心，是大脑的首都。

大脑，是唯一的国度。

心和大脑一起是唯一的大陆。

人口——只有一个。

一个，已经众多。

去寻找狂欢的国土吧——

就在你自身，无须旁顾！

——狄金森《宁静的激情》

当每天要面对诸多情绪，又有许多事情需要忙碌时，你依靠什么让自己迅速安静下来呢？我的办法是阅读诗歌。所以，无论是乘坐飞机，还是出差住酒店，我都会随身携带一本诗集，借此让自己迅速平静下来。

诗集就如同我内心的锚，无论外面的世界如何动荡，也无论有多少喧嚣的事件，我都能让自己的心安定下来。人宛如一艘船，在社会这片大海中航行，颠簸起伏。倘若内心没有一个稳固的锚，就很容易被海水冲往未知的方向。若内心有了这锚，那么无论经历多少起伏，都能保持稳定。

我写过这样一句话："爱其实在保护你，因为爱就如同你内心的锚。即便你历经诸多事情，依然能保持稳定的状态。"

为什么很多人到中年，在婚姻里折腾来折腾去，最终还是没有离开彼此？因为有些事就像一种动态平衡，两人之间仿佛有一个锚。无论在生活的大海里遭遇多少波澜，这个锚始终都在，所以两人的关系也断不了。

我在树洞里收到过很多邮件，常常有人询问是否要为了婚外的男人离婚，我都会劝阻。人处于动态平衡之中，并非任何事情都需要重新洗牌，除非某一方已经彻底不想维持这段关系了。

那么，我们到了一定年龄后，需要什么呢？是一种宁静中的激情。我们不想让自己的生活有太多动荡，但也不是要让自己变得死气沉沉，而是要保持充满激情的状态，这种激情甚至可能比年少时更强烈。

我理解很多感情产生于人内心对激情的渴望。然而，要打破生活的宁静，很多人又并不愿意。人就是如此复杂的动物，在复杂的情感中，要保持自己内心的锚，无论何时都能让自己静下心来思考，并非易事。

有时候，如果你遇到了能给你带来激情的人，珍惜这份感觉就好。不然，你随便看看大街上的人，有几个能让你内心稍有触动呢？你甚至会觉得这些人很无趣。当然，别人看你也是如此。

在这个时候，倘若心中还能怀有一种叫作希望的东西，那该多么珍贵。反正对于那些刚陷入情爱的中年男女，我没什么可指责的，大概是因为我理解激情的那一部分，同时又能更理性地看待宁静的意义。

近期，我在树洞里回复了太多类似的邮件，都是一旦遇到激情，就想着结束自己平静婚姻的案例，至少有十多个。你仔细想想，人生哪有那么多激情时刻呢？宁静的生活同样也是我们所需要的。如果你能熬过这段时期，就能迎来另一种平静的生活。

希望是个好东西，激情亦是。当你清楚自己需要什么时，很多困扰其实也就不再是困扰。毕竟人是靠着希望生活的，但又无时无刻不在现实中权衡计较。

“希望”是个有羽翼的东西，在灵魂深处栖息，昼夜不停地唱着一支无字的歌。

风暴中它的歌声最甜美，懊恼的是飓风也无法阻挡，它温暖了众多的心灵。

我常在最寒冷的国度，在最陌生的海域聆听它歌唱；而它，却从未向我乞求过一块面包皮。

——狄金森

第四十一篇
允许你爱我，但不允许你屈就我

摘要：有底气的男女，都应当牢记这句话——你爱我，但绝不能让我感到你是在屈就我。因为一旦你内心觉得自己屈就了，久而久之，关系就会失衡。

爱，应当使你原本所拥有的事物变得更加美好。自然依旧是那个自然，云依旧是那朵云，然而因为爱，一切都有了不同的韵味。但在我们的婚姻与两性关系中，许多人习惯委屈自己去成全他人，而另一些人则热衷于打压、控制他人。

在婚姻关系里，最糟糕的便是这种不仅不给对方任何支持，还不断通过打压、贬低对方来获得自身成就感的关系。

若要判断一段婚姻或亲密关系是否良好，有一个简单的标准，那就是看在这段关系中，你是否变得更好了。良好的关系应当是相互成就的，而非一方通过打压另一方，限制其发展，来维持某种虚假的平衡。

在众多婚姻关系中，不少女性喜欢牺牲自我，常说自己不能过于优秀，得顾及男人的面子。可要是到了需要委屈自己甚至牺牲事业来满足男人虚荣心的地步，那不妨实话实说：先去追求自己的事业吧。因为最终，你的屈就换不来男人的尊重。古人有个成语用得极为精妙——削足适履，这般做法往往不会有好结果。

有底气的男女，务必记住：你爱我，但不允许让我有屈就之感。一旦你心里觉得自己是屈就，认为配不上对方，长此以往，关系必然失衡。

对于那些只能依靠打压另一半来拼命束缚对方，不允许对方有更好的发展、更大的舞台，只希望对方守在家中陪伴自己的伴侣，还是尽早放弃吧。因为这样的关系迟早会让双方都感到压抑。

判断一段婚姻或亲密关系是否健康，关键要看身处其中的人是否变得更加自由，是否拥有更广阔的视野与舞台，男女皆如此。倘若在关系中变得越发狭隘、缺乏格局，即便恋爱初期表现得再恩爱，也难以长久维系。

毕竟，人与人之间，仅靠关起门来的那点恩爱是远远不够的。人是社会性动物，都渴望在外界获得更多认可，都需要更广阔的发展空间。

每次看到树洞里那些遭受打压的女性的来信，我通常会回复：去投身自己热爱的事业吧。对方的打压实则源于不自信，试图通过打压来控制你。

爱，应让你原本拥有的变得更美好。自然还是那自然，云还是那朵云，只是因为爱，一切都焕发出别样的光彩。

无法让你变得更好的爱情，根本称不上爱情。因为在这样的关系里，除了遭受打压与控制，你一无所获。

我们每个人的人生都如同一条单行道。在你出现之前，我生活得很好；若遇见你之后，我能生活得更好，那自然是彼此的幸运。但即便如此，我依然是我，不会因你的出现而变得面目全非，而是因为你，我眼中的自然、云朵以及你的双眸，都被赋予了不同的色彩。

所以，爱一个人的同时也要热爱自由。唯有如此，方能知晓良好的两性关系究竟应该是怎样的。

PART 3

情欲如诗

第一篇
女性的情欲是一首诗

摘要：当情欲在我们的身体里慢慢地消失，当我们不再为情爱所困扰，我们会不会生活得更自由？身体里落叶纷飞，盛年的情欲终于成了一段又一段的记忆。那个时候，希望你还可以安静地读诗。

我喜爱读诗，也写过许多关乎现实情爱的文字。时常思索，情欲与诗歌究竟有何共通之处？我想，它们大抵都源自人的本能。人本能地渴望发声、渴望表达，于是有了诗歌；而情欲，同样是身体本能的一部分。当情欲冲动涌起，驱使我们想要靠近某个人，亦是本能使然。

在当下的婚姻和两性领域，诸如“几招搞定男人”“如何挽回男人的心”“怎样获取最大利益”这类充斥着权术的文字似乎最为畅销，也最受读者青睐。因为人们认为借此能够获取最大利益。然而，这类权术却很难让情欲展现出其高贵的一面，甚至可以说，这并非情欲原本应有的模样。

诗歌和情欲，皆应属于人内心柔软的部分。它们满载着期待，绚丽多彩，能让人心慢慢变得柔软。面对情欲，不该只是盘算着从对方身上获取实际利益或得到切实帮助，而应是见到对方，便觉那是上天给予的最大奖赏。

有时，我十分理解那些满心期待一场约会、等待一个人出现的人。那种期待，宛如漫长而平庸日子里的一抹诗意，能让自己内心的柔软与情感有所寄托，带来一种熨帖之感。

倘若能拥有长久的陪伴，固然美好；可若未能如愿，拥有这些充满诗意的期待，同样也是一件幸事。人们不过是期望在某些时刻，能有一束光照亮灰暗的生活。在繁重的生活压力之下，能有一份期待支撑自己，在一段关系中耗尽情绪之后，能有一场约会，让自己重新恢复活力。

这便是情欲的诗意表达。我们不可能时刻都需要诗歌，正如我们不可能随时让情欲肆意迸发并得到满足。但我们期待，当情欲悄然浮现，当内心满是诗意之时，恰好有那么一个人出现，与我们一同完成这美妙的体验。如此，我们方能抵御生活中更多的艰难。

没有情欲，生活或许也能顺遂；但有了情欲，有了爱，我们会发现生活变得更加绚烂多姿。

我能够理解那些拥有一段隐秘感情，借此逃离沉重婚姻生活的人；理解那些为了情欲不惜飞奔千里的人；理解那些分开后仍念念不忘，时常回忆起某个时刻的人；理解那些见过某人之后，便觉得整个世界都焕发出色彩的人。

那是他们诗意与情欲同时得到满足的珍贵时刻。

若你想去海边度过几天无忧无虑的日子，那就去吧。那些等待的夜晚，同样也是美好的。若此刻渴望拥有某人，那就勇敢地去追求。若想在某个地方俯瞰某座城市，那就踏上旅途。

情欲宛如一条暗流涌动的河，只要我们心中的情欲尚存，烦恼便会不断涌现。有读者来信倾诉，说真希望快点步入老年，这样便能摆脱情欲的困扰，让生活回归平静。

当情欲在我们的身体里慢慢地消失，当我们不再为情爱所困扰，我们会不会生活得更自由？身体里落叶纷飞，盛年的情欲终于成了一段又一段的记忆。那个时候，希望你还可以安静地读诗。

第二篇
爱很美好，性也很美好

摘要：爱很奇怪的地方就在于，你总是想靠近这个人，你只要见到这个人就会很开心，无论和他做什么都感到无比开心，一起发呆开心，逛街开心，看电影也开心。

两个相爱的人发生性关系，是自然而然、顺理成章的事。爱很美好，性同样美好。

然而，男女之间情爱的复杂之处在于，有些人即便没有爱，也能有性；而有些人却因爱得深沉，克制了性冲动。性，既像爱情的副产品，又如同感情的催化剂。

我接触过许多无性婚姻的案例。实际上，事情并非仅仅缺乏性生活这么简单。往往是两个人先失去了交流，随后自然而然地对彼此的身体缺乏兴趣。久而久之，两人之间的隔阂越来越深，最终连性这种男女之间极为重要的交流方式也不复存在了。

爱的奇妙之处就是你会不由自主地想要靠近某个人。见到这个人，你就满心欢喜，无论和他做什么都觉得开心，一起发呆开心，逛街开心，看电影也开心。会有对性的渴求吗？当然会有。但即便没有性的渴求，你依旧想要靠近这个人，因为那种开心早已超越了性本身带来的愉悦。愿意奔波很远去见你，并不一定是为了性，而仅仅是想和你待几个小时，只为看看你的模样。

在我接触过的众多情感案例中，最艰难的婚姻莫过于——无论你怎么努力，都无法再爱上这个人。你尝试去爱，试图重新与婚姻中的伴侣建立亲密关系，却始终无法做到。而且，还会产生一种见到对方就紧张、不自在的情绪。可若要说婚姻哪里不好，又实在说不上来。也许两人在现实生活中都是很优秀的人，但在婚姻里却存在着难以跨越的隔阂。这种隔阂并非岁月的流逝或个人的努力就能弥补，隐含着深深的绝望。

这样的婚姻通常会有以下几种结局：要么因为孩子和世俗的压力，继续在这段婚姻里凑合，降低对婚姻的期望；要么通过寻求其他感情来填补婚姻中情感的缺失，以此让婚姻达到某种平衡；要么不顾世俗压力和闲言碎语，结束这段在外人看来还算不错的婚姻。

爱需要性的滋养，但有时也能超越性。美国著名心理学家罗杰斯分享过他长达40多年的美满婚姻的秘诀。在他和妻子刚结婚时，他们的性生活并不和谐。“我开始隐隐感觉到，虽然性关系对我至关重要，但对她而言并非如此。‘噢，今晚不行’‘我太累了’‘下次吧’。毫无疑问，这种状况很容易引发危机。”罗杰斯意识到了这个问题，幸运的是，他遇到了性学方面的心理治疗师，并坦诚地接受了治疗。此后，他能够和妻子轻松、自由地探讨彼此对性的感受。彼此间更加体贴、理解，这不仅促进了两人的关系，也让性关系变得更加充实、长久、美满和丰富。

罗杰斯在40多岁时，几乎有一年的时间完全没有性欲，且找不到任何医学上的原因。他的妻子海伦坚信他会恢复正常，在他身处困境时始终陪伴在他身边。对罗杰斯来说，这至今仍是个谜，他依然找不到心理方面的原因，但海伦默默的守候和持续的爱给予了他巨大的力量，让他得到了最好的“治疗”，性功能逐渐恢复正常。

我常常思考，好的两性关系应该是怎样的。应该是无论你遇到什么困难，都坚信对方会在身边。两个人在一起，不是一方对另一方负责，而是彼此都拥有自由，同时又深知对方不会离去。希望你和我在一起，展现的是真实的自己，而不是为了讨好我而伪装的模样。《醒醒吧，老好人！》中有言：“需要与一个内心足够强大、有自尊且自主、有担当的人建立关系，她爱我是因为我的本来面目，而不是她期望中的我；我也爱她本来的样子，而不是我梦想中的她。”这大概是两性关系中最具挑战的地方。不需要刻意讨好，却能真切感受到对方的爱与力量。不需要刻意强调双方如何努力，而是两个人在一起自然而然就变得更好。不是为了满足对方的情感需求或给予对方安全感而委屈自己，而是无论身处何地，都能感受到对方的存在，都能拥有强烈的安全感。给予对方自由，爱会让两个人心心相印。这是两性关系最好的样子，但也是两性关系中最大的挑战：“如何在与他人相处时保持自我，以及如何既与他人亲密相处，又不丧失自我？”

好的两性关系，应当如同翅膀下的风。有了这股风，你或许能够飞得更高更远。然而在现实中，太多的婚姻关系，别说成为助力的风了，简直就像削掉翅膀的刀，不仅让你跌落尘埃，还让你一辈子无法自由翱翔。倘若两性关系变成了一种束缚，甚至成为阻碍你飞翔的枷锁，那还不如自由地独自飞翔。当对方阻止你飞翔，而你又渴望飞翔时，两人之间隔阂产生的就不仅仅是亲密关系的缺失，更是紧紧关闭的心门。你内心所有的喜怒哀乐似乎都与婚姻中的伴侣无关，你也有意无意地对对方封闭了自己的内心世界。这可能是因为你倾诉过，却不断遭到嘲讽或打击，于是干脆选择封闭；也可能是因为无论你说什么，都如同对着空气说话，久而久之便彻底放弃了。这种情况比缺乏性更容易让两个人渐行渐远。试图用物质等方式收买爱情、收买归属感，并非富足精神世界中慷慨的爱的交流，而是生存层面的斤斤计较。

一个人如果本身不具备创造快乐的能力，总是期望从另一半身上获得愉悦或安全感，往往会失望而归。说实话，即便结为夫妻，两人说到底仍是独立的个体，并不能因为一纸婚约就将彼此死死地捆绑在一起。每个人依旧拥有选择自己生活方式的自由。和你在一起是因为能让自己更快乐，而不是变得更紧张或难受。希望每对夫妻都能秉持这样的观念："没有你，我也能好好生活并找到快乐；没有我，你同样能活下去并寻得幸福。我们每个人都具备这种力量和自主性，与此同时，我们享受在一起的时光，因为分享、交流以及相伴更令人愉悦。我们在一起，不是为了弥补自己内心的缺失，而是为了彼此完整地交流。"

第三篇
享受情欲，才是真实的女人

摘要：对女性而言，性与情欲绝非可有可无的部分。一个充满生命力的女人，往往有着和谐良好的性关系。然而，在我们的传统观念里，大家总是羞于谈论这个话题，仿佛性只是男人才会主动寻求的东西。

漂亮的衣服、馥郁的香水、高端的物质享受等，确实能让女人获得极大的满足感。然而，若长期缺乏性，女人就如同塑料花一般，看似美丽且永不凋谢，实则缺乏灵动与生命力。

熟悉我的读者都知道，我写过《我该不该离开没有性生活的婚姻？》和《被性爱桎梏的中国女人》。我的出发点始终是，女性应当尝试更深入地了解自己的身体需求，尽情享受性的愉悦，以更包容的态度接纳性。

长期以来，性的压抑、与性相关的忏悔，总是过度强调生殖目的，而贬低性的快乐目的。所有非生殖目的的性行为都遭到了贬低。

从生殖角度看，婚姻内两三年可能就完成了生育任务，而一个正常女性拥有性欲的时间或许长达二三十年。

情欲与结婚截然不同，结婚只需要扯一张证书，就能许下一生一世的承诺。但情欲是动态变化的，需要持续得到满足。并非这次得到满足后，就不再有需求，而是随着身体越发成熟，对情欲满足的渴望也越发强烈。

渡边淳一在《女人这东西》中写道：“所谓女人的成熟，其实说穿了就是肉体上的成熟，而肉体上的成熟，除通过与男性的接触交往、体验和品尝性的快感之外别无其他。”

我真心认为，无性婚姻不值得女人苦苦坚守。从人性层面来讲，女人比男人更需要性。因为男人的情欲可通过诸多方面得到升华，比如事业、艺术，甚至朋友聚会等，而女性情欲的满足，则需要实实在在的互动。

写这个话题，并非鼓励女性滥交或随意建立性关系，而是想让女性读者明白，享受情欲并非可耻之事。

曾经有读者来信倾诉，那个被称作丈夫的男人，距离自己仅有 5 米之遥，却再也不会触碰自己。她尝试了许多办法，劝丈夫去看医生，可丈夫坚称自己毫无问题。她感到孤独，仿佛整个世界只剩下自己一人。

情欲与生俱来，一点也不丢人。优秀的伴侣、高质量的性爱、得以释放的情欲，本就是对女人最好的滋养。要知道，一个人身体成熟的阶段，可能也就短短十多年。年轻时懵懂无知，年老后也不会再有这样的想法。别让自己的三四十岁，过得如同毫无性欲的老年人一般，这才是女人应给予自己的善待。当然，在享受情欲的过程中，需要凭借智慧去辨别，对方是真心爱你、欣赏你，还是仅仅出于性的目的。

第四篇
情欲的满足，是记忆里的光芒

推荐希腊诗人卡瓦菲斯的一首诗：

欲望

就像那些早夭者的美丽身体，
悲哀地紧闭在豪华的陵墓里，
玫瑰在头边，茉莉在脚边——
欲望似乎也这样，它们衰竭了，
从来没有满足过，没有得到过，
哪怕是一个欢乐的夜晚，或一个绚丽的早晨。

——摘自《卡瓦菲斯诗集》

我喜欢这首诗。情欲，向来是个极为隐秘的话题。许多人表面上过着体面、风光的生活，然而，他们或许从未领略过美好的情欲是何种模样，正如这首诗歌所描绘的，从未满足，亦未曾拥有。

情欲的满足远不如食欲满足那般轻而易举，却隐匿在熙熙攘攘的人群之中，存在于每一个夜晚、每一个清晨。我想，那些能获得良好情感抚慰的人，至少会更加期待每一个欢乐的夜晚、每一个绚丽的清晨。

人，究竟是对那惊鸿一瞥记忆深刻，还是对春宵一刻难以忘怀？贺铸有词云：“凌波不过横塘路，但目送、芳尘去。锦瑟华年谁与度？”看到一位美女，便会思忖，她如此美好的青春年华，会与谁一同度过呢？这惊鸿一瞥，便是人们记忆的一部分。情欲，是人最为隐秘的欲望。对一个人念念不忘，是因为从未得到，还是曾经拥有呢？

每次收到树洞里的来信，我总会试图揣摩信件背后隐藏的心理。世间至美的感情，或许就定格在那一瞬间，某个人、某个形象、某个角度，甚至那一刻对方周身散发的光芒，就此深深烙印在你的记忆之中。这光芒即使不去触碰，也不会消散。那么，倘若有过实际接触，又会怎样呢？

我收到过一封很长的来信，讲述的是一段跨越十多年的感情故事。每次读完这般长篇故事，我都会沉思良久，思索如何回复对方。我记得有一封来信令人印象深刻，有位读者提及，在分手七年后，得知对方要前往南极，便给对方留言：“这七年，我每天都很想你。”对方回复道：“我也是。”南极的遥远距离，加上漫长的时间跨度，让这段感情格外令人动容。

那么，这两个人之间有爱情吗？我坚信是有的。然而，成年人的抉择往往更为现实，没有人会再像二十多岁时那般勇敢与莽撞，但这种情感却真实存在着。

在回复那封长信时，我写了这样一段话：那种一见钟情、深深镌刻在记忆中的爱慕，竟持续了这么多年。值得庆幸的是，人到了一定年纪，对自己的生活、婚姻有了更为深刻的认知，能够接受平凡的日子，不再一味追求轰轰烈烈的爱情。对于那个人的爱，至少能够与自己和解。这种和解至关重要，无论曾经的爱多么刻骨铭心，时过境迁，最终都会与生活和解。也会渐渐明白，如今自己的婚姻也算安稳，能给自己带来安心。如此这般，亦是一种生活，一种能让自己过得安稳的生活。我始终认为，这也是成长的一种体现。

第五篇

约会后的早晨，女人的心好像被洗过一样

摘要：恰似约会后的清晨，忧伤、喜悦、忐忑等诸多情绪一股脑儿涌上心头，但似乎又为平淡生活重新注入了勇气与希望。

我想，人生的情感历程本就如此，并无千篇一律的标准答案，而是在期待、体验与感受中，一步步去触摸人间的真实。

为何许多女人在酒店约会结束后返程的车上会落泪？这泪水承载的，究竟是悲伤、喜悦，还是痛苦？实则都不是，而是多种情绪交织的复杂产物。

一部分原因在于，她们在婚姻中长期缺乏性与爱，迈出这一步，既是一种解脱，又伴随着内心的愧疚——回到平静家庭后面对孩子时的愧疚，以及害怕被发现的恐惧；同时，又怀揣着对下次见面的期待，还有刚刚在亲密拥抱中获得的身心释放。哭并非单纯源于悲痛，而是无数复杂情绪的汇聚。

恰似毛姆小说《面纱》中所描绘的那种心境：难受、恶心，自觉无比不值得，却又滋生出继续生活的勇气，因为在人生的起伏变动中，人自然而然会变得越发坚强。

回顾这些文字，我始终觉得自己在传递“爱是什么”的思考，或是在探寻爱所蕴含的力量，哪怕是强烈情绪带来的冲击，亦是一种力量的彰显。

在众多来信者中，不乏一些多年身处无性婚姻中的女性。她们在道德束缚与欲望折磨的夹缝中挣扎，某天终于跨出了那一步后，会来信倾诉：“火养，我终于有了这样的体验，心情异常复杂，既非喜悦，也非悲伤，就是难以言表的情绪。”

我曾引用与谢野晶子的诗句：

他的手臂

我的后颈

低声私语

清晨的紫藤

我无法挽留

我的一夜情人

——《胭脂用尽时，桃花就开了》

总感觉心底缺了点什么，满心渴望留住这个人，不仅希望其陪伴度过欢愉的夜晚，更期盼迎来绚丽的清晨，可偏偏就差那么一点。

低声的呢喃，激情的碰撞，终究会在天亮时分迎来分别，孤独与忧伤随之袭来，然而那些热烈的情欲又是如此真切。

恰似约会后的清晨，忧伤、喜悦、忐忑等诸多情绪一股脑儿涌上心头，但似乎又为平淡生活重新注入了勇气与希望。

我想，人生的情感历程本就如此，并无千篇一律的标准答案，而是在期待、体验与感受中，一步步去触摸人间的真实。

第六篇
欲望本身并不神圣

摘要：欲望本身并不“神圣”，男女之间发生关系本身也不是“玷污”。如果不打破这些认知壁垒，依旧活在你所谓的“神圣”世界里，那么你基本上会是最缺乏力量的那种人。一个太过于单纯，或者说难听一点，就是“傻白甜”式的人，是产生不了任何力量的，也谈不上有什么魅力。

前几天，我回复了一封邮件，发件人是一位离婚多年的女性。她觉得自己与男人发生关系后，内心深处那份神圣的爱情被玷污了，她特意用了“神圣”和“玷污”这两个词。我回复她：“倘若人到中年，在情感领域仍秉持这样的观念，那基本上与感情和性绝缘了。”

毕竟，欲望本身无所谓“神圣”，男女之间正常的亲密行为也并非“玷污”。若不打破这些认知壁垒，依旧活在自己构建的“神圣”世界里，那么大概率会成为那种最缺乏力量的人。一个过于单纯，或者说得直白些，“傻白甜”式的人，是无法产生任何力量的，更谈不上有什么魅力。

真正的力量，往往孕育在充满灰色地带的欲望之中，诞生于思辨、痛苦以及自我突破的折磨过程里，而非源自那种傻白甜式的“纯洁”与“神圣”。至少在我接触的众多倾诉案例中，那些最终变得极具力量的人，都经历了从与自身欲望斗争到最终与其和解的过程。他们熬过无数个在痛苦中思考的深夜，历经生活的种种起伏，体验过情绪的崩溃与重新振作，对自己下过最狠的“功夫”，才得以真正强大起来，也越发热衷于掌控自己的人生，而不再纠结于“神圣”与“玷污”这类字眼。

昨天，我读了一本名为《完美伴侣，缓慢性爱》的书，这是一本相当通俗易懂的性爱读物，作者是日本人，专门致力于教授人们如何享受性爱。书中提到，他每次性爱时长至少两小时，着实令人惊讶。当然，性爱质量不能单纯以时间长短来评判。不过，书中诸多观点确实值得深入探讨与学习。

很多人习惯贬低性，而过度抬高爱。我们常说“性爱”，实际上“性”排在“爱”之前。性，本不该被贬低。我们能降临到这个世界，正是父母性欲与性行为的结果，何来不道德或肮脏之说呢？只是，我们习惯性地推崇以生殖为目的的性爱，贬低那些非生殖目的、纯粹为了享受的性爱。

在很多婚姻中，夫妻完成生育任务后，似乎就不再需要性爱了。而在不少夫妻关系里，糟糕的性体验，只会侵蚀彼此的感情。正如书中所言："不舒服的性爱，会给两人带来精神与肉体上的痛苦。若发生在夫妻之间，甚至可能酿成悲剧。当性爱变得单调乏味，还不得不持续重复，上床便成了一种义务，自然会让人觉得无趣。本应给夫妻带来快乐与滋润的性爱，却沦为压力来源，最终导致无性生活。"

很多人认为性是一种本能，不过是男女之间简单的生理行为罢了。但这本书给出了截然不同的观点。在作者看来，那种单纯依靠简单动作完成的性行为，根本称不上真正的性爱，充其量只是男人单方面的自我满足。在一段美好的性爱关系中，时间至关重要。书中写道："只要你愿意多花些时间爱抚女性的身体，即便没有高超的性技巧，同样能让心爱的女人飘飘欲仙。时间，时间，关键就在于时间。"所以，遇到一个愿意花费大量时间与你共同享受性爱过程的男人，一定要好好珍惜。至少在这个过程中，他是真的投入了大量时间和精力来取悦你，认真对待这场性爱，而不是敷衍了事，更不是只图自己满足。

第七篇

爱出现了，性自然克制

摘要：爱一个人，渴望靠近一个人，满心满眼只有他，其实也是对自己的保护，因为就算对方不能回应同等的爱，甚至可能伤害了你，但爱会让你对自己有所要求，不会让你轻易陷入性自由的放纵之中，因为你秉持着那种有爱才可以有肌肤之亲的信念。

爱，是为了限制性自由。

在众多关乎个体的自由之中，性自由理应占据重要地位。每一位成年人都拥有自主支配身体的权利，而性自由，自然也应涵盖于个人自由选择的范畴。

然而，不少人心中存有疑惑：一旦倡导性自由，是否会引发性泛滥的问题？实际上，每个人对于自由的理解各不相同。在我看来，自由并不意味着随心所欲、为所欲为，而是当你做出选择时，你能明晰自己的目的，且身心皆能由自己掌控。

例如，倘若你仅仅期望建立一段性关系，并且能够对自己的身体和行为负责，那么这便是一种自由的行为。对成年人而言，只要是在自由意志的驱使下做出的选择，便理应知晓如何承担相应的责任与后果。

自由并不会导致泛滥，恰恰相反，禁止才可能引发问题。因为当你拥有了选择的自由，你便会懂得如何抉择。即便你需要经过反复筛选，最终也必定能找到最契合自己的那一种选择，而不是陷入毫无选择余地的困境。

与自由相匹配的，应当是自律。我颇为认同罗素的一种观点：精神自律，即一种摒弃无益之事的习惯。

在许多情人关系中，常见的痛点在于渴望获得更多的爱，却未能如愿。此时，便需要学会在精神层面自律。

就性本身而言，由于其需要男女双方的互动才能完成，所以对长期处于无性状态的女性来说，若能遇到一个能让自己获得性满足的人，或许就已足够。毕竟，当难以同时兼顾精神与肉体的满足时，若选择了肉体满足，那么在一定程度上暂时放下对精神满足的追求，也是一种无奈之举。

情感需求的满足，往往需要遇到对的人，且特别需要双方给予对等的回应以及进行心灵上的交流，而这着实是可遇而不可求的。

此外，爱其实也在一定程度上限制着我们的性自由。人作为情感动物，很难在毫无感情，甚至连起码的好感都没有的性行为中获得乐趣。

当我们深爱一个人时，会渴望靠近对方，眼里仿佛只有这个人的存在，这实际上也是对自己内心的一种保护。即便对方无法给予同等的爱，甚至可能会伤害自己，但只要心中仍存爱意，就不会轻易陷入性自由的放纵之中，因为我们依然期望在有感情的基础上发生亲密关系。

这正是人类性行为最为复杂的地方。因为性从来都不单纯，它总是裹挟着人的情感、情绪，甚至是某个瞬间的感觉。的确，当你状态不佳，或者听到某个人说出某句话时，可能会瞬间失去欲望，哪怕原本很强烈的性欲也会被轻易浇灭，这实属正常。归根结底，人的大脑才是最具决定性的“性感器官”。否则，若仅仅追求纯粹的性，其实并不难获得。

第八篇
最高级的性关系，是清爽

摘要：我们羡慕年轻人的爱情，并不是羡慕他们爱得有多深，或者未来就一定有多美好，而是羡慕那种相互之间不存在龃龉的感觉。

阳光之下，手牵手，对未来怀有美好的憧憬，不仅仅是性，里面还有情绪、悸动、在乎，等等。

这是爱情最美好的模样。

看似文中写了诸多不同情感，若要我对两性关系给出好或坏的界定，在我内心深处，给出的答案只有两个字：清爽。

我自认为也是“外貌协会”的一员，但此“外貌协会”并非单纯指看重对方长得多么漂亮或帅气，而是对方给人的整体感觉是清清爽爽的，而不是浮夸、油腻和猥琐。

这般看似极为简单的要求，实则堪称最高标准。倘若你仔细观察便会发现，身边的男性到了四十多岁，还能既在精神层面持续精进，又在身体管理上做到自我克制的，少之又少。

要做到精神精进与身体自我克制这两点，需要极强的自制力，以及个人对自身有着较高要求，这往往是人在经历一定岁月后，通过自我克制与修养才能达成。而一个让别人看着舒心的人，身上会自然散发一种亲近感。

清清爽爽的人，周身会洋溢着一种少年感。这种少年感在爱情中尤为珍贵。我之前在朋友圈写过这样一段话：从爱情的角度而言，大龄女性与“少年”谈恋爱才最为般配。因为大龄女性依旧怀揣着对爱情的渴望，且内心更为天真，“少年”同样天真无邪。有些女性所期待的“大叔”，其内心早已没了爱情，只剩下利益权衡。所以，少妇与“少年”之间的爱情，才是唯美动人的爱情故事。

茨威格说过：“真正的爱情，唯有在少年和老年人身上才能觅得。”事实确实如此，当你与一个有少年感的人谈恋爱，或者发展一段亲密关系时，身心会清爽得多。中年男性撩女性的套路五花八门，但缺失了最为关键的一点——真诚。

男性在微信聊天时常用的套路是：倘若你不反感对方发送一些色情图片，那么下一步，他可能会给你发更多色情内容，再进一步，或许就会要求你发一些稍显露骨的照片。通过这些试探，他便能判断是否有机会约你见面。在这类套路中，部分女性可能会觉得尚可接受，因为很多女性只是单纯想找人聊聊天。但男性的想法却截然不同，他陪你聊天的唯一目的就是与你发生亲密关系。毕竟，天下确实不存在免费陪你闲聊的事情。中年男性堪称最为现实的群体，花时间去撩拨一个人，自然不只是为了获得精神上的愉悦，必定是想要得到你。至于你是否愿意接受这种关系，那就完全取决于你自己的选择了。

PART 4

爱与能量

第一篇

不爱了，也可以很好地生活

摘要：

如果不爱了，该如何生活?

不爱了，也可以很好地生活。

一个人生活的热情，不应该全部拿来用在情爱上面。不爱了，还有自由；不爱了，还有兴趣……

可以把无爱的生活过得很好，才是真正可以在这世界上生活得很好。

我见过太多年纪轻轻就已心无爱意的人。任谁都无法将其拯救。他们只是出于养育子女的责任，才继续维持着婚姻，但内心确实已不再有爱。

身处婚姻中的他们，对伴侣谈不上讨厌，也谈不上喜欢。他们清楚地知道，这并非自己向往的生活，然而缺乏打破现状或重新选择的能力，只能逐渐封闭自己的内心，说服自己不再爱，就这样将就度过一生。因为不再爱，便没了期待，自然也不知该如何寻觅生活的动力。我接触过太多类似的案例。

若不再爱，该如何生活呢？其实，即便不爱了，也能够好好生活。一个人的生活热情，不应全部倾注在情爱之上。不爱了，还有自由；不爱了，还有兴趣爱好；不爱了，还有健康的身体……

有时，我们把爱情看得过重，认为人生中必须有爱才有意义，坚信这世上必定有一个人是自己的命中注定、必定有一个人值得自己全心付出。我们所接受的教育，总是在告诉我们，一定要拥有婚姻，一定要收获爱情。

但是，没有人告诉我们，当不爱了，该怎么办；不爱了，一个人该如何生活。从概率上讲，大多数人都会经历无爱的生活阶段。毕竟，惊天地泣鬼神的爱情少之又少。正因为稀缺，梁山伯与祝英台的故事才会成为传奇，罗密欧与朱丽叶的爱情才会成为经典。

我们若能把无爱的生活经营得有声有色，才算是真正具备在这世上好好生活的能力。太多人试图在婚姻中找寻爱情，结果却把婚姻搅得一团糟，实际上，婚姻里并没有那么多爱情。甚至可以说，没有爱情的婚姻反而更容易长久维系，因为没有爱就没有期待，没有期待便不会有过高要求，没有过高要求，日子就能过得舒坦一些。

我读过诸多关于爱情的文字，也撰写过许多此类文章，但我真正倡导的，却是无爱的生活。这听起来是不是有些讽刺？然而在我看来，在这个时代，人们的感情与婚姻恰恰是因为对爱太过执着，才会有如此多的悲欢离合。如今居高不下的离婚率便是佐证。如果不执着于追求爱情，许多婚姻其实无须走向离婚这一步。你苦苦追寻的那个所谓“正确的人”，或许永远都不会出现，绝大多数人只是相伴生活，而不会奢求爱情。如此一来，便回归了人类婚姻的最初状态：基于经济需求和养育后代而结合，而非为了爱情。这才是让婚姻更稳固的方式。现代人追求爱情与性专一的婚姻模式，这必然使离婚率提高，因为爱情本就稀缺，可很多人却一心想在婚姻中找到它。当他们觉得与眼前的人没了共同话题、不再相爱时，便选择离婚，幻想着或许有一个更适合自己的人在等待。

其实，许多不再爱的女性，若能想通这一点，她们的生命反而可以变得更加精彩。因为终于不再爱了，就无须再将时间和精力耗费在寻求爱情上，而是能够自由自在地去做自己想做的事情。

一旦跨越男女情爱的关卡，基本上能让自己的自由程度提升好几个层次。那些执着追求爱情的人，不妨好好品味一下这句话。

第二篇
感情结束后，允许你在我心里

摘要：人心并非买卖，不是你付了一分钱，我就给你一分货，交易完成便两清。我们的内心往往难以轻易剔除某个人，倘若如此，该怎么办呢？只能接受。承认自己还没有放下这个人，又何妨？

两个人分开了，为何对方还会留存在自己心里呢？这是众多来信者的疑惑。实际上，即便分开了，也并不意味着一定要从内心深处将这个人彻底剔除。

似乎只有这样，才算是对得起分手、对得起自己，或者对得起身边的人。然而，仔细想想，人心并非买卖，不是说你付了一分钱，我就给你一分货，交易完成便两清。我们的内心往往难以轻易剔除某个人，倘若如此，该怎么办呢？只能接受。承认自己还没有放下这个人，又何妨？难道在人生道路上，能如此干脆简单，把路过的人都忘得一干二净，每天都轻松上阵吗？我想，大多数人都很难做到。既然没有放下，就让这份情感安静地留在心底好了。它并不会影响你正常的日常生活，甚至不会给你带来太大的困扰。

同样，在婚姻中，当很多人发现对方出现问题时，总是倾向于采用最激烈的方式，要求对方："你必须忘记！""你一定要……"其实，事情并非如此复杂，给对方一点缓冲的空间即可。毕竟，你不可能钻进对方的心里一探究竟。有些事情，你越是要求极端，得到的结果可能就越差。因为情感和情绪方面的事需要一定的缓冲空间，也需要各自调整节奏。

今天，我回复了一封来信。来信者发现老公与他人暧昧，节假日还买了价值几百到上千元的礼物送给对方。她气不过，打算向第三者要回这些礼物。对此，我的看法是，如果涉及的金额高达几十万甚至几百万元，那当然可以也必须要回，因为这属于夫妻共同财产。但仅仅是价值几百到上千元的礼物，如果真的去要回，可能会出现两种结果：其一，你出了一口恶气，但估计男人会觉得颜面尽失，甚至不想继续维持这段婚姻；其二，如果你本就想离婚，那根本没必要去要回礼物，趁着男人心虚，签订一份多分财产的协议即可。可问题是，来信的女性几乎没有提及要离婚。倘若真的铁了心要离婚，大概也不会来信了。很多人总觉得我在为这些不良行为辩护，其实并非如此。我只是认为，人的欲望本质上是复杂且多面的，承认这一点后，给这些欲望一些缓冲空间，总好过一味地逼迫对方。但做到这一点很难，因为很多人并不觉得对方需要这样的缓冲空间。

回到前面的话题，如果你真的结束了一段感情，但心里仍未放下那个人，那就允许自己如此。要明白，彻底忘记并非易事，因为人的情绪很容易被一些看似无关紧要的事情引发。

就像诗歌所描述的那样：

谁能够说得清，那些不足挂齿极其平常的事情
比如看孩子们嬉耍时，涌上心头的东西
它不是涌现在你的内心，而是宇宙一样从外面包围你
尽管秋阳照射的一枚枯叶，很快腐烂，被人遗忘
但是它会无奈地触及，我们的眼睛、手掌和心灵
像蓝天一样被无限拥抱
我们是无言的婴孩，只许将无力的双手，伸向世间万物

——谷川俊太郎《怜悯》

我们或许只是看到了一个寻常的场景，思绪却能由此无限延伸。也可能某个场景触动了你，让你又想起某个人。这并无不妥，都是岁月给予的馈赠，亦是爱过的证明。将这份情感在内心珍藏，并不意味着自己成了坏人。相反，这恰恰是我们内心依旧敏锐、鲜活的标志。

第三篇
流动的情爱，是一种活力

摘要：生命本就是一个动态的过程。若能放宽心态，便会发现人生既不存在永恒的幸福，也不存在永恒的不幸。

我收到一封来信，信中字里行间都充斥着对自己的攻击与指责。她觉得自己年龄渐长，却没有合适的结婚对象，担忧再过几年便无人问津，只能孤独终老，因没有稳定的婚姻关系，便认定自己的人生满是失败。在爱情和婚姻里，许多女性往往追求稳定、永恒的关系，正应了那句“不以结婚为目的的恋爱都是耍流氓”。为何会有这样的想法呢？她们认为，既然与对方有了亲密关系，就理应拥有稳定的感情；既然步入婚姻，就理应永恒不变、不容变故。然而，当怀着这种极为功利或充满恐惧的目的去寻觅伴侣时，反而更难找到合适的人。因为带着“要与这个人共度一生”的强烈目的，一旦对方稍有不符合自己心意的举动，便会自然而然地觉得此人不适合相伴一生，进而予以否定。

许多急切想结婚的女性为何反倒找不到合适的人？原因在于，在寻找伴侣的过程中，她们可能始终怀揣着强烈的功利目的，而从未以更宽容的视角看待人性。人与人之间存在诸多可能性，并非仅有亲密关系这一种走向。倘若与每一位异性交往都抱着建立永恒不变的关系的想法，或许永远都难以拥有伴侣。

生命本就是一个动态的过程。若能放平心态，便会发现人生既不存在永恒的幸福，也不存在永恒的不幸。即便你当下羡慕20多岁就结婚生子的人，也不意味着他们到了40岁仍眷恋这段婚姻或依旧幸福。人始终处于成长变化之中，这种变化带来的便是永恒的不确定性，尤其在现代婚姻关系里，不确定性必然升高。那么，该如何看待这种不确定性？在这样的时代背景下，又如何才能在情感和婚姻中获得满足感？这就需要保持开放包容且积极进取的心态，切不可因身处某段关系，便认为这是永恒不变且无须改变的。很多在感情中处于弱势的人习惯于指责另一半，如“你有钱就变坏了”“你本事大了就不爱我了”“当初你那么落魄我都爱你，现在你怎么变心了”等。要接受现实，就得承认人永远在成长变化。或许你成长了，对方却停滞不前，你同样会对其心生厌烦；反之，对方成长了，而你未能理解和察觉其变化，对方也会对你感到厌烦，这便是亲密关系的难处。

我们应当允许变化的存在，而非一味渴求永恒的关系。如此，在经营亲密关系时，才会带着更为宽容的心态。毕竟，没有人会钟情于一个30年毫无变化的人。看似痴情，实则是一种懒惰。我说过，痴情是一种“病”。想想看，生命充满变数，而你却始终深陷痴情之中，这不是“病”又是什么呢？更好的生命状态，应是充满活力、积极向上的，而非为了追求永恒的稳定，舍弃生命的蓬勃生机。

第四篇
爱情本质是美丽的，情绪也是美丽的

先推荐一首诗歌：

爱情与美不可分开，自然让每一个事物都适得其所，
把爱情赋予美，作为最终的命运，同时让美成为爱情的底色。
让灵魂找到公平的朋友，去爱，但思想不要脱离身体。
因此，男女的结合，皆是为了追求美的真理。

——佩索阿《爱情与美不可分开》

爱情，在本质上是一种“无用”之物，美在本质上同样“无用”。婚姻则属于现实生活范畴，具备诸多“有用”的功能，诸如生儿育女、经济合作、家务分配，这些都是婚姻的实用功能，也是男女合作的体现。

然而，爱情并非如此。你对某个人心动，想要亲近，渴望依偎在对方身旁，喜欢看对方说话，期待与对方有更

多亲密接触等感受，是超脱现实的。当你深爱一个人时，可能会完全不顾及现实状况。这宛如自己为自己建造的伊甸园。正因为深爱这个人，你才会发现世界的美好，甚至觉得原来世界可以更加美好。爱情的本质与美紧密相连，难以分割。现实生活并不美好，反而十分残酷。人们每日都在为生存而奔波忙碌，争权夺利，这些与美好似乎毫无关联。瞧瞧那些熬夜加班的上班族、在工地上辛苦劳作的民工，那样的生活哪里能谈得上美好呢？

人类颇为有趣的一点在于，我们需要大量现实的东西，如高楼大厦、车水马龙。无论处于哪个时代，人们都需要这些物质来保障生活。但是，无论人类社会如何发展，人们对美的追求、对爱的渴望从未有丝毫减少，即便当下这个时代也是如此。因为爱能够激发人内心美好的一面，让人发现更多美好的事物。不过在当今社会，人与人之间接触的机会增多，面临的问题也越发现实，所以从表面上看，人们似乎都在消费快餐式爱情。但从本质上来看，人类并未发生太大的变化。人类的进化不会因外部世界而产生巨大变动，人们依旧在“有用”与“无用”之间徘徊、穿梭。

婚姻这种形式，到最后或许与爱情并无太大关联，因为在婚姻中人们看重的往往是“有用”的方面，而许多时候，那些“无用”却珍贵的东西，往往存在于婚姻之外。在很多瞬间，我相信男女之间存在着极致的爱的体验。然而，人终究需要回归现实、回到当下的生活中，这便会给许多人带来冲击。许多女性期望一辈子沉浸在美好幻想中，希望爱的高峰时刻永远停留；而男性由于接受现实的速度相对较快，一旦过了那个高峰时期，便会迅速回归现实，也随之明白，在情绪高峰时做出的承诺往往难以兑现。所以在情爱方面，男女之间情绪高峰体验产生的落差，导致了彼此选择的差异。男性更多关注“有用”的事物，而女性则依旧执着于对“无用”事物的追求。爱情与美，在本质上皆为“无用”之物，但也正是这些“无用”之物，让我们人类更具人性。

第五篇
爱是一个自我认知的过程

在树洞里，我常常收到一些充满强烈自我攻击内容的邮件，尤其在经历了一段不太理想的感情之后，来信者往往会对自己猛烈抨击。那么，这些强烈自我攻击的女性，该如何摆脱自我折磨呢？我认为，与其一味地攻击自己，不如深入地认识自我。因为攻击本身并无实际成效，事情既已发生，持续攻击自己并无太大意义，不过是徒增几次道德上的自我谴责罢了。倒不如认真剖析自己，思考自己存在哪些情感缺失？这与成长经历有何关联？如何定义这段感情？自己对感情的把控能力如何？对方是否会伤害自己？倘若最坏的情况发生，自己能够接受的程度如何？等等。只要认真思考这些问题，对于感情之事，便能更加理性，至少每次做出选择时，都清楚这是在自己掌控范围之内的，而不是一味地自我折磨却毫无结果。

爱，实则是一个认知自我的过程。当你与一个人谈恋爱或爱上一个人时，最终目的并非控制这个人，甚至不是一定要与他白头偕老，而是借此认识真正的自己。若能从这个角度去看待情爱关系，或许就不会让自己的执念越发深重。

荣格在《未发现的自我》中写道："人们总是依据常人在社会环境中对自身的认知来衡量自我，而非基于大部分被隐藏的真实精神层面。在这方面，精神如同人体其他具有生理结构的构造一样，常人对其了解甚少。"

你为何会陷入令你纠结的感情呢？你内心缺失的是什么？你究竟在追求什么？你爱上的是这个人的哪些特质？诸如此类的问题或许会对你的人生观产生剧烈冲击，甚至促使你重新认识自己。

说白了，我们的人生就像是在走一条回归之路。年少时，我们渴望长大，渴望勇往直前，憧憬前方一切美好的事物；但到了一定年龄，其实是在寻找童年时的自己。"远行与回归，回归的路更长。”的确，回归的路更为漫长。有位来信的女士说，她的婚姻平淡乏味，而她自身不断成长，她渴望的人恰好是新认识的那个人。并且，那个人也投入过感情、许下过承诺，所以最终才会给她带来如此巨大的伤害。因为她此前从未谈过恋爱，将一生所有的情感都寄托在了这个人身上，曾经的期待有多高，最后的失望就有多大，尤其当她得到的是令人绝望的结果时。

因为根源在于内心的软弱，人在情爱的选择上自然也会表现得软弱。环境塑造了人，不能简单地说他不是好人，或者他欺骗了感情。他曾经投入感情是真，后来放弃也是真，他难以摆脱现状是真，他对权力的渴望同样是真。

在这些困局背后，最深切的痛苦往往来自女性：她们太渴望得到这份爱，却没有通过爱来认识自己。一旦过度渴望，最终必然失望。其实我们可以换个角度：我爱你，借此认识了自己。我明白了原来爱一个人是这般感受，原来我真的可以为爱情付出这么多，原来爱一个人能让自己变得更好。

第六篇
没有男人值得你变得卑微

树洞里有大量来信，当女性描述自己对男人的爱时，总让人不禁联想到一个词——卑微。我们爱一个人，本意绝非让自己变得卑微，然而在付出爱的过程中，爱仿佛与卑微紧密相联，难以割舍。要不然，以高冷孤傲闻名的张爱玲，也不会写下“见了他，她变得很低很低，低到尘埃里。但她心里是欢喜的，从尘埃里开出花来”这样的句子。这句话生动地描绘出人们在遇见爱情时，那种欢喜与卑微交织的复杂心情。那么，在情爱里，该如何看待这份卑微呢？

英国诗人奥登写过这样一句诗：“假若爱不平等的话，希望我是爱得更多的那一个。”但实际上，爱得更多的那个人，往往也是受伤害最深的。在众多树洞来信中，倾诉者絮絮叨叨地诉说着自己的痛苦。在感情里何尝不是如此呢？爱得更多的人，总是有说不完的话，有时甚至连自己都嫌自己啰嗦。

说了这么多，无非是想让对方知道自己的爱、满心的思念和情绪。生怕他不知道，又担心他知道。心中有无数话语，只想讲给对方一人听。只是这份爱不对等，爱得太过卑微，所以才难受。在微信上发了一大堆文字，明明是在表达爱意，反倒让对方感到厌烦。

爱得如此卑微，真的值得吗？以前，我或许会觉得这些女人如此傻，实在不值得。但在看过诸多案例后，我的看法有了改变。我认为感情本就无法用值不值得来衡量，这或许就是命中注定的劫数，难以逃脱。

的确，只有爱上一个人，才会被他伤害，不爱的人根本伤不到你。其他人即便辱骂、责怪你，也不过让你产生些许情绪波动，而心爱的人却能真正刺痛你的心。他的一次忽视，就能让你的情绪瞬间跌入谷底；他的一条信息，又能让你欢呼雀跃。

我真的不希望你爱得这般卑微。然而，若不再爱，你又会觉得自己连这点爱都抓不住了。成年人的感情往往如此，得到一点点温暖，便以为是全部，或许是心封闭得太久了，所以一旦陷入爱情，总是期望能拥有更多，越想越多，就越发卑微。

这世上不存在完美的关系。你爱我，我恰好也爱你，然后一直幸福地生活在一起，毕竟是小概率事件。更多的情况是，我爱你，你却不爱我，只是对我有欲望，即便我接受了这份欲望，依然会感到难受。再者，在大多数关系中，爱会逐渐变淡直至消失，有些甚至连温情都不复存在。当你爱得卑微时，就难免会受伤。

不过，这也无妨。只有经历过情绪炼狱的人，才能更好地理解人生、走好接下来的路。那些从未情绪崩溃过的人，不足以畅谈人生。

爱若不平等，卑微的一方注定受伤更深。就把这当作一次爱的体验吧，谁不是在伤痛与卑微中逐渐强大起来的呢？

第七篇
只是善良还不够，你还需要有善意

当有读者表示从我的文字中感受到善良时，我说相较于“善良”这个词，我更偏爱“善意”。我相信很多人本质上是善良的，只是缺乏善意。

善良，是一种不主动伤害他人，甚至还会主动帮助别人的行为；而善意，则是一种深植于内心、不会为难他人的修养。

两者的区别在于，许多善良的人，实际上并不具备善意。中国有句俗话叫“刀子嘴豆腐心”，我并不认同这句话。它的意思似乎是，虽然我说话尖酸刻薄，但其实内心很善良。

很多善良的人，他们的言语和行为，很容易激发他人内心的恶意，这样的情况我见过太多了。你不能说他们不是好人，也不能说他们有多坏，但他们每一句话出口，都能激起别人满心的反感，恨不得让他们立刻闭嘴。

我在解读众多复杂的情感案例时，希望传递的是善意。我期望大家能坐下来好好交流，说一声“没关系，事情已经发生了，我们可以一起探讨，让自己变得更好，看看能从中学到什么”。而不是恶语相向，大喊“你这个坏人！垃圾！败类！你怎么能做出这种事”。这样的指责固然在道德层面有其正确性，但言语本身只会激起对方更深的抵触情绪。或许是因为我对文字较为敏感，反正每次看到这类极易引发我内心反感的文字或言语，本能地就想回避。

我收到过很多来信，写信人询问是否要报复。通常是她们发现自己在感情中被欺骗，或者发现对方不止自己一个情人。她们会问：“火养，你说我该不该报复他，让他身败名裂？我实在咽不下这口气。”一般我的建议是不要报复，直接不理会对方就好。让感情就停留在感情层面，如果你产生报复心理，可能会让事情变得复杂，更有可能导致一系列你无法掌控的后果。

因为报复本身极易激发人内心的恶意。一旦恶意占据内心，你会逐渐变得面目可憎，失去原本的自我。倒不如选择放下。

即便遇到一个品行恶劣的人，也没必要与之纠缠，抽身离开便是。仇恨只会让自己内心备受煎熬，毫无益处。

与某人有过亲密关系又怎样，反正你并没有损失什么，也未打算与对方长相厮守。保持独立、自由，断绝关系、勇往直前，才是你应有的态度。总不能因为与一个烂人有过交集，就把自己也搭进去，这样做实在不值得。

第八篇
女人要让自己属于自己

摘要：其实是女人把自己看得太重了，这话可能会戳女人的心窝子，但这是本质。

早前，我在企业微信上收到一条信息。一位女士倾诉，自己因婚外情而深陷强烈的罪恶感之中，为了赎罪，无论走到哪里，都会去拜佛。很多女性，一旦生活中出现些许波澜，就开始拼命自我攻击，觉得自己的行为会伤害他人、带来不良影响，甚至会影响很多人。实际上，你谁也影响不了，在这茫茫人海中，你不过是个极其渺小的存在。能照顾好自己的身体和情绪，已然十分难得。

这些年来，我一直苦口婆心地劝导女性放下自我攻击，而我的心态和看待问题的角度也在悄然发生变化。起初，我觉得女性是因为处境太过艰难、为人太过善良，才会如此。但随着解读的案例日益增多，我渐渐意识到，其实是女性把自己看得太重了。这话或许会刺痛女性的心，但这就是问题的本质。

许多女性就是过度高估了自己在生活中的分量。婚姻稍有波折，就认定是自己做得不够好，所以男人才如此对待自己；自己稍有过错，便觉得对不起孩子、对不起家人，甚至开始思考是否要去赎罪。拜托，别让自己活得这么累，好吗？别把自己看得太重，总觉得对不起这个、对不起那个，真的是太过高看自己了。

通常，这类人往往过度自恋，他们自认为无比重要。自恋者不敢释放自身攻击性，又格外在意他人的感受，总想在他人面前展现完美的一面，让周围人都觉得自己是"完美之人""靠谱之人"。但实际上，这种"完美"是通过不断自我攻击达成的。《非暴力沟通的觉醒》这本书中有这样一段话，精准地剖析了这种负罪感——"我们习惯性地认为负罪感是一种感觉。事实上，负罪感并非感觉，而是一种评判：我们并非真的感觉自己有错，而是在评判自己有错。依据我们的习俗、道德传统和司法制度，有罪之人会入狱。于是，负罪感便扮演起评判我们某部分犯错，且要因此被关进'心狱'的角色！如此一来，我们的生命力受到束缚也就不足为奇了。我们既是自身负罪感的俘虏，又是它的狱卒。”

不少女性把性行为看得无比重要，仿佛一旦发生关系，就要将自己全盘托付给男人，或者就此全盘否定自己。这其实就是把自己看得太重的表现。实际上，她们从来都没有真正属于过自己，身体不受自己支配，思想也不受自己控制。正因如此，自己一旦做得稍有差错，就觉得对不起所有人，仿佛整个世界会因自己而停止运转。想要让自己真正属于自己，首先要学会放过自己，把自己看得轻之又轻。只有这样，才能卸下诸多思想包袱。越是愧疚，越是自我攻击，越是毫无必要。你只是个微不足道的小人物，能在这世上好好生活，就是最大的贡献。你整天觉得自己这也不行、那也不行，可又有多少人会在意你这些呢？

别把自己看得太重，别高估自己。想想这世界上生活着几十亿人，性不过是人类最基本的欲望，动物也有。人本质上也是动物，满足了一次欲望，难道就不配做人、失去一切了吗？

你依旧是你，放下那个纠结、痛苦的自己吧。解决情感问题的方法很简单，就是把自己看得更轻一些，明白自己没那么重要，你才能真正成为自己，才能勇往直前。当我们不再执着于完美人设和沉重包袱，让自己真正回归自我，生活自然会轻松许多。

女性朋友们，让自己真正属于自己吧。你不属于外界的人、事、物，不属于男人，不属于孩子，不属于父母，更不属于那些不相干的人。你，只属于你自己。

第九篇
依赖不是爱，是自我的缺失

摘要：情绪依赖绝对不能等同于爱。依赖是什么？更多是一种索取。而爱是付出，爱是一种无论对方在做什么、忙碌什么，你都会心安的感觉。

在婚姻之外的感情里，最糟糕且最难割舍的情形是怎样的呢？那便是对情人产生强烈的精神依赖，这种依赖相较于身体依赖，更令人备受煎熬。

在长期的交流过程中，你会习惯对方每次都及时回复你。每天，你最期待的就是看到对方的头像在对话框中跳动。你会频繁点开对方的头像或是朋友圈，只为知晓他正在做什么。这种依赖极易让你滋生诸多幻想：对方是否也如你一般，正在思念着你？倘若你们能在一起生活，会不会更加幸福……

可别以为这种依赖极为罕见。在树洞里，此类案例比比皆是。倾诉者说，只要对方一整天没有给她发微信，她便会失落许久。

在现代社会，社交软件为男女之间的交流提供了极大的便利，同时也带来了诸多烦恼。人的感情极易培养，只要持续与一个人聊天、不断交流，自然而然就会产生好感，甚至无须见面，便能形成依赖。许多人能够在网上展开一场无须见面的精神恋爱，进而从精神恋爱发展到线下见面，随之形成更深层次的依赖。

很多人在一段感情中，难以分辨自己究竟是出于情绪依赖，还是真正的爱，盲目地将这种情绪上的依赖与爱之间画等号，认为自己深爱着对方，于是越发依恋和依赖对方，陷入一种恶性循环。所以，要摆脱这种依赖，必须从自身出发，关键在于要意识到自己存在的问题。

情绪依赖绝不等同于爱。依赖究竟是什么？更多时候，它是一种索取。而爱则是付出，爱是一种无论对方在做什么、忙碌什么，你内心都能感到安宁的感觉。

你之所以产生依赖，正是因为缺乏这种心安的感觉。你总是期待他能秒回你的信息、陪你聊天，以为这就是他重视你、心里有你的表现。实际上，他心里到底有没有你，你自己心里一清二楚。这种依靠与男人闲聊培养起来的感情，给予你的并非心安，不过是暂时排解了你的寂寞罢了。

那么，究竟该如何摆脱这种依赖呢？这就回到了一个老生常谈的话题上——女性的独立。

对现代女性而言，实现经济独立并非难事。就像来信中的那位女性，她个人经济极为独立，且具备很强的赚钱能力。然而，精神独立却是一项任重而道远的任务。对现代女性来说，经济独立与精神独立缺一不可。倘若精神不独立，就极易产生依赖，尤其是像婚外情这种危险的依赖。

你们或许可以彼此约定共同变得更好，但倘若你自己足够独立，就应当明白，即便独自一人，你同样能变得更加优秀，并不一定要与某个人携手才能达成。

一方面，精神独立的人往往具有一种自我警醒意识。你的身体和思维会向你发出信号：过度依赖一个人、过度依赖一段不健康的关系是很危险的。拥有独立精神的人会不断地自我提醒与鞭策，至少不会让自己陷入失态或失常的境地。

另一方面，精神独立的人通常拥有持之以恒的爱好，这也会使依赖感有所降低。

对女性而言，若能做到精神独立，拥有个人爱好，并且清楚自己在一段感情中真正想要的是什么，那么无论面对何种感情，你都能表现得更加自如和从容。

第十篇
男人不爱你，不是你的风雨

摘要：情感上的事情，都算不上风雨，至少在我看来，情感和性的问题，都算不上风雨，只是与自己的执念是否和解的问题。

我在一次直播时，有一位连麦者说，她原本想找个依靠，可没想到，所有的风雨竟都来自这个男人。我回应她，这还算不上真正的风雨。此话一出，不少女性纷纷表示想听一听，究竟什么才算风雨。

其实很简单，在我看来，情感方面的事都算不上风雨。至少，情感与性的问题，都称不上风雨，归根结底，不过是关乎自己与执念能否和解罢了。毕竟，情感和性这类事，今天还爱着，明天或许就不爱了，后天一觉醒来，说不定觉得无所谓了，关键在于你自己怎么看待。因为你的生活依旧是你的生活，不会发生翻天覆地的变化。那么，真正的风雨是什么呢？请永远记住，婚姻从本质上讲是一种法律关系，能给你带来法律风险，让你背负巨额债务，让你生育孩子后却看不到丝毫养育的希望，这才是真正的风雨。

就以我一次连麦的案例来说，一位女性独自带着两个孩子，一个八岁，另一个五岁，丈夫在异地工作，她根本不清楚丈夫在外面做什么。结果有一天，丈夫因组织传销被抓，女人瞬间不知所措，不知该如何独自抚养两个孩子，而且她的信用卡还被丈夫刷爆，欠了一屁股债，这才是实实在在的风雨。所以我在直播间里说，你遇到的那点事，真算不上风雨。若你非觉得那是风雨，只能说明你被保护得太好了，没尝过生活的苦头。一个在婚姻中待了十多年，却还是“恋爱脑”的女人，基本上也很难处理好婚姻关系。

许多现代女性的生活其实并不幸福。有时候，这种不幸福并非源于物质条件差，而是源于她们对爱情的执念太深。她们认为婚姻需要满足诸多条件，可实际上，婚姻本身根本满足不了那么多。这在一定程度上是被短视频和电视剧误导了，总觉得只有达到某种标准才算是爱情。

在古代，男人负责外出打猎，女人在家照顾孩子、织布，与周边的女性聊天，日子就这样平静地过着，一年又一年。男人偶尔回家，婚姻生活相对稳定。那时的女人只能与其他女性一起交流、宣泄情绪，男人并不会对女人嘘寒问暖。虽说有一部分男人进化出了这种能力，但大多数男人依旧没有。所以，几乎 99% 的男人在婚姻中都擅长冷战，一旦发生争执，男人往往喜欢回避问题。这是为什么呢？因为从基因层面来讲，男人天生就不具备善于表达这类话语的基因。在古代，那些善于言辞的男人，可能在打猎时就因无法保持沉默而被淘汰了。

然而，女人并不了解这些，总觉得男人应该像电视剧里演的那样，对自己的每一种情绪、每一个细节都格外在意。在情爱的进化方面，女人或许已经进化了很多，可男人却变化不大。所以在婚姻中，女人所渴望的情感满足，可能永远都无法得到。由于得不到，又有着美好的想象，一旦出现问题，就会觉得自己遭遇了诸多风雨。

总之，为什么说连麦中那位女性遇到的事不算风雨呢？因为那根本不值一提。在漫长的婚姻历程中，出现某段时间情感淡漠、性缺失，是再正常不过的事，这符合人性规律。婚姻在本质上是一种法律关系，只要你没有陷入法律困境，对方还在履行养育和陪伴的责任，没有给你带来法律风险和财务风险，那就不算经历风雨。有些女人之所以觉得那是风雨，是因为被保护得太好，没见识过真正的风雨。她们总觉得没有爱情就是风雨、男人逃避问题就是风雨，太容易把风雨挂在嘴边了，任何一点不如意都会当作风雨。其实在漫长的人类历史中，在那些连生存都成问题的时代，情爱根本不值一提。

第十一篇
女性的弱点，也是力量

摘要：很多情感上的修炼，其实就是和自己的弱点做斗争的故事。

最近看了电影《白蛇 2：青蛇劫起》，真心推荐给大家。这部影片讲述了女性独立的故事，对白蛇故事的全新演绎相当精彩。具体情节在此就不多剧透了。

影片中有这样一个情节：青蛇只有穿过黑洞才能逃离修罗场，可她每次一进入就被打了出来，因为黑洞里有她最害怕的法海，那也是她最大的弱点。但她没有放弃，一次次冲击，不断让自己变得强大。历经二十年，她终于打败了法海。

这让我不禁思考，其实每个人身上都有弱点。若总是采取逃避的方式，觉得只要忽略弱点，它就不存在，那我们永远都不会成长。只有学会正视自己的弱点，才能开启发掘心灵力量的征程，探寻心灵地图的奥秘。为回避弱点所做的努力，并非真正的力量。倘若总是用虚假行为填补经验缺口，心灵便永远没有展现的机会。（《心灵地图：追求爱和成长之路》）

我在树洞中收到过许多未婚女孩爱上已婚男人的来信。她们都表示难以离开对方，总觉得离开后就遇不到更优秀、更爱自己的人了。这其实是在给自己设置障碍，不敢正视内心的弱点。她们害怕别离，害怕自己不被爱，更害怕孤独终老。

就像青蛇刚遇见法海，看着姐姐白蛇被压在雷峰塔下时，她也认为自己此生都无法战胜法海，她的力量太过弱小，只能眼睁睁看着在乎的人在眼前消失。然而，在修罗场修炼一段时间后，她意识到谁都靠不住，唯有自己强大起来，打败法海，才有可能让姐姐逃离雷峰塔，自己也能摆脱修罗场。

人都有各种各样的弱点，逃避一次，下次仍会遇到同样的问题。比如，今天觉得这个男人很爱自己，便享受当下，逃避对未来的需求，可某天还是会被这个弱点困扰。当然，若在这个过程中变得足够强大，或许会发现这个男人不再重要，从而走出困境。但无论如何，不能一直困在自己的弱点中生活。

很多情感方面的成长，在本质上就是与自己的弱点作斗争。人们越害怕的事情，就越可能发生。尤其是那些在婚姻中从不进步、从不思考的女性，一旦发现丈夫有婚外情，世界便瞬间崩塌。但换个角度看，这难道不是自我成长的绝佳机会吗？若非如此，还真以为自己的世界完美无缺呢。很多女性在婚姻中只想着管住丈夫，却从未想过若害怕的事情真的发生，自己该如何应对。

上天似乎总会对我们的弱点发起攻击，害怕什么就来什么。当害怕的东西越来越少，我们的生活才会更有力量，这意味着我们的弱点在不断减少。我们要承认自己的弱点，正视它，而非逃避，只有这样才能看见自身的力量。我们可以欺骗他人，偶尔也能骗过自己，但很难一辈子自欺欺人。用逃避弱点的方式来麻痹自己，总觉得忽略问题就能过去，认为事情不会带来太大影响，可最终，这个弱点可能会成为致命因素。

第十二篇
女人的强大，是一种化骨绵掌

摘要：人生经历本身着实有趣，而且一个人的经历越丰富，他可以熬过那些艰难时光的可能性就越大。所谓内心的强大，并不是说不在乎，而是你可以像施展化骨绵掌一样，把那些内在的情绪都化解掉。

说到“熬”字，我便想起里尔克的那句诗：“哪有什么胜利可言，挺住就意味着一切。”恰好最近读了一本里尔克的书，其中有一篇文章我尤为喜爱。文章很短，标题是《为了一首诗的缘故》：

呵，年轻时写的那些诗算不得什么。倘若可能，你应当用一生，漫长的一生，去等待，去积聚情感，积聚甜蜜，直至最后，或许你才有可能写出十行好诗。因为诗并非如常人所想象的那般，仅仅是感情（感情大家很早就有了），诗是经验。

为了仅仅一首诗，你得游历诸多城市，接触众多人和事，你得熟知动物，要感知鸟儿如何飞行，知晓小花在清晨绽放的姿态。你必须能够回想起那些陌生地方的道路、那些不期而遇以及期盼许久才来临的别离；那些至今仍无法理解的童年时光，回想到父母给予的那些你无法消受的欢愉（那原是为别人准备的），甚至因此转而伤害了父母，那些儿时的病痛，总是那般离奇地袭来，却又带来诸多深刻而沉重的变化。

回溯那些独处的日子，那些滨海的清晨，那片海。回溯旅途的夜晚，那些在头顶高高飞行、一路跟随的星辰。仅仅回忆这些还不够。你还得有无数美好的情爱之夜的回忆，每一个夜晚都不相同。你得有女子临盆呼喊的记忆，那些睡不安稳、面色苍白地躺在产床上重新缝合的女子。而且你还要在垂危病人身旁守候过，在窗户敞开、室内仍能听见断断续续声响的地方，在逝者身边守灵过。仅有这些记忆依旧不够，当记忆过多时，你还得能够忘却它们。

你还得有极大的耐心去等待它们再次浮现。其实记忆本身并非关键，重要的是它们要融入你的血肉，化作你的眼神、你的姿态，无名无姓，与你浑然一体。唯有到那时，在某个难得的时刻，一首诗的第一个字才会从其中流出。

我把整篇文章都敲了出来。我十分喜爱它所传递出的丰富内涵。人生经历本身着实有趣。而且一个人越是阅历丰富，就越有可能熬过那些艰难的时光。所谓内心的强大，并非毫不在乎，而是能够像施展化骨绵掌一般，将那些内在的情绪一一化解掉。里尔克说，为了写一首诗，你需要在人生中经历许许多多。或许在某个瞬间，那首诗的文字便会降临到你身上，因为你有诸多积累、回忆与感触。倘若你始终保持敏感，对这个世界满怀热爱，那么无论好的还是坏的人生经历，总会涌入你的内心，凝聚成你的力量。

我想，人生的丰富性便是如此。年轻时，你所看到、体验到的，总归是差了些火候，因为你缺乏深厚丰富的人生阅历。当你经历过一些事情，见识了许多，在旅途中拥有了诸多属于自己的回忆、属于自己的时刻，关乎爱、关乎性，也关乎人生成长，有高光时刻，也有低谷阶段，有惬意的午后，也有难忘的夜晚，有瞬间的心动，也有某个时刻的厌恶，等等。这些都汇聚在你的心中，你才更有可能深切地体会人世间形形色色的情感。

这些丰富性，既需要时间的沉淀，也需要你亲身去经历。就像我在此写下的诸多文字、呈现的众多故事，我想那些本身阅历丰富的人，应该能够理解。我时常会想，那些遥远的、经历过的、在树洞中打动过我的事情，都是我人生中的宝贵财富。

第十三篇

成熟的爱是给予，而非索取

摘要：什么才叫作成熟的人格？关键在于对人性的包容程度，对自己所爱之人的包容和悲悯程度，以及对自己的信任。

弗洛姆说，爱是一种具有创造力的活动，给予比获取更美好。我在文章中也提到，与人格相对成熟的人探讨爱，过程会更加轻松，自己受到伤害的概率也会更低。

那么，究竟什么才算是成熟的人格？怎样才能让爱成为一种富有创造力的活动，而非彼此消耗呢？弗洛姆在《爱的艺术》中并未给出十分明确的答案。他谈论的爱的艺术，是建立在一个极为理想化的基础之上，即每个人在成长过程中都已具有完整的人格。

成熟的人格体现在对人性的包容程度，对自己所爱之人的包容与悲悯之心，以及对自己的信任。

心理学家曾奇峰说过："这世界上不存在绝对值得信任的人和事，所以只要存在信任，就必然伴随着一定程度的风险。心理健康的人，会对这一问题进行模糊处理，只要有较大把握，便会选择完全信任，并基于这种信任去做该做的事；而心理不太健康的人，则会过度关注事物中那些没有把握的极小部分，在行为上表现得迟疑不决、患得患失。"

也就是说，人格相对成熟的人，在信任方面会更加充分，这种信任甚至涵盖了对人性之恶的包容。信任并非一种单纯的态度，而是一种能力。从本质上讲，一个人对外界人和事的信任，是其对自身信任向外投射的结果。

为何很多人在感情中会患得患失，总是试图通过控制对方来获取自身的"安全感"？原因在于他们对自己缺乏信任，既不相信自己值得被爱，也不相信当自己爱着一个人时，对方能够真切感受到，只能借助控制和怀疑等行为来证实对方是爱自己的。

为什么人格成熟的人才敢于去爱、敢于付出呢？因为他们信任自己，觉得即便付出后没有得到回报，甚至受到伤害，也在自己的承受范围之内。

比如，你深爱一个人，最终却遭到对方的欺骗与伤害。在一些人眼中，一定要报复，一定要对方给个说法，甚至要让对方身败名裂；然而在成熟的人看来，自己付出了，对方却欺骗了自己，没关系，自己付出的部分在承受范围内，权当一次教训，下次付出时更加谨慎就好，不会让事态进一步恶化。

第十四篇
安静，也是一种力量

推荐葡萄牙诗人佩索阿的一首诗：

我走进房间，
关上窗户。
人们送我灯盏，
祝我晚安，
我也用欣然的声音祝他们晚安。
愿我的生活永远如此：
白天阳光灿烂，
或细雨绵绵，
或风暴大作就像世界末日。
温和的下午，

我从窗子里，
兴致盎然地注视着经过的人，
我把最后一缕友好的目光投给树木的寂静，
然后关上窗子，
点燃灯盏，
什么都不读，
什么都不想，
也不去睡觉，
只去感受生命在我体内流淌，
就像河水流过河床，
外面一片寂然，
仿佛一位熟睡的神祇。

为什么我会喜欢邮件回复这种形式呢？我觉得最重要的原因在于，文字的表达是极为安静的。哪怕是带着最混乱情绪的来信，只要写信人能够将其叙述出来，内心也会趋于平静。而我在回复这些来信时，同样能够静下心来深入思考。佩索阿的这首诗，生动地描绘了人在安静状态下的情形——“什么都不读，什么都不想，也不去睡觉”，此时我们甚至能够倾听自己血液在血管里流动的声音。

每个人每天都应当给自己留出这样一段安静的时间。这是完全属于自己的时光，这段时间既可以用来阅读，也可以无所事事地度过。人啊，并非做任何事都要有明确目的，有时候就该处于毫无目的、彻底放空的状态。唯有如此，我们才能够积蓄力量，去应对日常的琐事与工作。

一个无法让自己安静下来的人，其实挺可怕的。因为他总是需要制造出一些“声响”，去做点什么，才能感知到自己的存在。倘若他身边有人，他就会不停地“骚扰”对方，全然不顾及对方的感受，只为达成自己追求“热闹”的目的。

在亲密关系中，若一方总是热衷于这种“热闹”，而另一方渴望拥有属于自己的“安静时间”，那么冲突必然会爆发。因为“安静时间”代表一个自我的空间，绝不允许他人侵扰。然而，喜欢热闹的人往往会认为，既然都是一家人了，对方肯定是有事瞒着自己，或者对自己有所不满，所以才需要这些时间去做见不得人的“勾当”，进而硬生生地剥夺对方这点安静的时间。无法让自己安静的人，通常会热衷大家庭式的生活，其身上或多或少带有愚孝的特征，并且喜欢通过批评他人来抬高自己。

倘若对方在亲密关系中能够求同存异，那还好，至少能给你保留这样一个安静的空间；可要是对方硬是将自己追求的热闹强加于你，那么在亲密关系中，无疑会引发一场灾难。

安静也是处理诸多情绪的有效方式。这世上总会出现各种各样令人愤怒、不知所措甚至歇斯底里的事情。但如果你能安静下来，认真思考，就会发现其实事情并没有你想象的那么糟糕，结果也远未达到最坏的程度。比如，当你发现自己面临离婚时，可能会极其愤怒，可安静下来想想，不过是离婚而已，自己的身体依旧健康，也依然拥有自由；又比如，当发现自己遭受了对方背叛时，你可能会觉得痛苦不堪，但安静下来思考，这也是人性的一部分，不过是感情路上的一次波折罢了；再比如，当发现自己被辞退、被骗钱时，你可能会觉得人生一片灰暗，然而安静下来想想，自己仍然有力量，还能够采取行动做出改变，也就不会让自己继续沉沦下去。

人身上所蕴藏的力量，往往比自己想象的更加强大。有时候，你越是害怕，命运就越会朝着你害怕的方向前行。我在树洞里经常收到诉说害怕离婚、害怕孤独的来信，可命运偏偏让当事人做出选择，当事人越害怕，对方就越肆无忌惮。安静下来想想，很多事情并不值得让自己陷入歇斯底里的状态，从整个人生的视角来看，这些事情甚至都不至于令人落泪。

第十五篇

真正的强大：在爱情中珍惜自己的柔弱

先推荐一首诗歌：

世界上有眼泪，有女人的眼泪，方才值得活一场。

月光下回首浩渺的往昔，聊以自慰，没有枉活。

然而自 1980 年代，这个国度的女人不再流泪。

一个前所未有的时代拉开序幕，无须叩问政治。

女人的眼泪让人了然于心，消逝在千年风雨中的女人啊，感谢你们。

——高银《再见眼泪》

很多女人在亲密关系中活成了“钢铁巨人”，觉得自己无须男人就能搞定一切。只要自己足够坚强，就不需要男人，一丝软弱都不会向男人展现。在两性关系里，那些性格强硬、丝毫不懂得示弱，也从不向男人展示自己脆弱的一面，只是一味逞强的女人，往往活得比较辛苦，而且缺乏魅力。在亲密关系中，最重要的是看到彼此脆弱的部分。因为面对外人，即非亲密关系中的人，我们伪装自己很正常，也从不轻易袒露脆弱之处。但面对亲密关系中的人，我们能够且可以完全袒露自己，如此才能让彼此靠得更近。

一次饱含眼泪的交流，或许比平常约会十次都更有效，因为那种动情时刻的交流，真正触动了人们内心柔软的部分。而那种柔软的瞬间，也更加令人难忘。许多女人在情感中不懂得示弱，认为自己无所不能。久而久之，两人之间便缺乏一些深层次的连接，或是能够建立连接的因素。倘若你不那么要强，就适当地向亲密关系中的人袒露自己内心的脆弱，你们之间的关系会变得更加紧密。

无论男人还是女人，皆是如此。我们不必害怕对方看到自己的脆弱，亲密关系的一大优势，就是能让你展现出更真实的自己，无论是痛苦还是脆弱，都能较为坦然地袒露。倘若亲密关系都无法承载这一功能，那你还能指望什么来承载呢？

然而，很多人在亲密关系中，习惯性地觉得自己能搞定一切，无须麻烦对方，或者认为自己示弱会被对方看不起。其实，这种示弱并不意味着你弱小，而是明确地告诉对方，你需要对方，需要爱与情感，因为你也有脆弱孤独、诸多问题无法独自解决的时候，希望有个人能与你共同面对。

在亲密关系里，你是独立、有自我的，但也需要展现出脆弱、真实且富有感情的一面，只有这样两人才能产生更紧密的连接。倘若你仅仅追求独立，而不需要连接，那又何必与他人建立亲密关系呢？倘若你一味示弱，事事都向他人索取，对方也会疲惫不堪，这样自然难以维持良好的亲密关系。

我始终坚信，无论多么强大的人，内心都有柔软的部分。无论人心外包裹着多少坚硬的外壳，其本质都是柔软的。从阅读的角度来讲，我为何喜爱那些袒露内心柔软的文字，比如佩索阿和梅·萨藤的文字，这类作家的文字看似在自言自语，但真实地袒露了作者的脆弱，极易引发共鸣，其力量往往超过许多宏大叙事的文字。因为宏大叙事是历史的需要，而这种从内心流淌出来的文字，则是我们每个人内心的需要。

所以，珍惜女人的眼泪吧，那是脆弱的袒露，总好过伪装得无比坚强。正如那首诗歌所写：世界上有眼泪，有女人的眼泪，方才值得活一场。

第十六篇

情爱中最麻烦的问题是能量的匹配

摘要：任何亲密关系的背后都涉及两个人的情绪、情感的互动。

我曾经写道：“性最让人困扰之处，在于它需要两个人共同参与。”后来，在树洞中接触到越来越多无性婚姻的案例，我才惊觉性的麻烦远不止涉及人数这一点。有些婚姻中的夫妻，双方都有着正常的性需求和性能力，却依旧陷入无性婚姻的困境。

原本有着正常性需求的男女为何会在婚姻中走向无性呢？要知道，人类的性行为绝非简单的动物本能，它裹挟着强烈的情绪、情感以及直觉。有时，人与人之间的情绪无法契合，便很难产生和谐的性体验。

很多夫妻为何会从原本性生活和谐，逐渐陷入无性婚姻呢？在很大程度上是因为两人情绪的起伏不对等，一方难以捕捉到另一方情绪的变化。例如，某天男人工作极为疲惫，只想好好休息，回到家却听到另一半不停唠叨，瞬间对性的兴致大打折扣；或者，某天女人情绪糟糕透顶，根本没有心情，而男人却全然不顾及对方的感受，一旦对方不配合，就觉得对方不爱自己了。

任何亲密关系的背后，都必然涉及两人情绪与情感的互动。若一方内心藏有怨气，比如因对方背叛或某些行为而感到极度不适，却选择压抑自己，而另一方又完全没有察觉到对方的情绪变化和神态异样，也不尝试去安慰或改善关系。那么长此以往，两人内心的距离会越来越远。甚至某天，一方会对另一方彻底关闭内心世界。当内心世界关闭，身体自然也会产生抗拒，两人也就步入了无性婚姻。

倘若双方都不愿妥协，一味赌气，无论曾经在婚姻里多么恩爱，可能都难以再回到有性的状态。

两人之间的性，还有一个棘手问题，即性能量的匹配。就像我在树洞中常收到的反馈，一些女性到了一定年龄，身体的性意识开始觉醒，产生了性需求，然而男性却性欲减退，甚至觉得生儿育女的任务已经完成，对这方面的需求降至最低。此时，如果女性有需求，而男性总是回避，次数多了，时间长了，女性自然会产生心结，对亲密关系造成伤害。要实现性能量匹配，还需要两人进行良好的沟通。

总体而言，女性的性需求更为复杂。如果人类没有性需求，或许就不会有情感上的纠葛。但没有性需求，人类便无法繁衍，自然也就不复存在了。女性的性一旦被激发，往往比男性拥有更强大的力量。男性的性欲呈递减趋势，且有多种途径可以满足；而女性的性需求不仅要求更高，也更难得到满足，她们需要情感、情绪、感觉以及对方的尊重等。这也就是为什么女性更难做到身心分离。

所以，我在树洞中看到的那些情感纠葛，更多是源于自身性需求无法得到良好满足而产生的烦躁与不安，以及内心渴望某种东西却始终无法获得，或因缺失而产生的失望。要找到一个性能量匹配、能进行精神交流、层次相当且相处舒适的人，本身就难于登天，难度并不亚于寻觅一个合适的伴侣。

我常说，没有人能够满足你所有的情感需求。即便出现了看似符合条件的男性，可能也会有其他问题随之而来。所以，人类的情感状态就是在不断解决麻烦的过程中徘徊。而有些男性，因觉得性太过麻烦——为了获得性，既要讨好女性、与之交流、提供情绪价值，又要投入经济成本——索性放弃了对性的追求，选择自我解决。长此以往，很多男性就对性失去了兴趣。

第十七篇
大龄女人更天真

摘要：《寂寞东京塔》里说：大龄女人更天真。我想补充一句：中年男人更现实。

前段时间，树洞里收到了这样一封信：

火养，三年前，我邂逅了一位婚外的男人，我们彼此吸引。然而，三年时间过去，感情渐渐淡了，我感觉他不再像从前那般关心我。他快 50 岁了。我特别想知道，我和他这段感情究竟会走向何方，我们最后会不会发展成类似亲情的关系。我无法接受看不到这段感情的未来，也难以忍受他对我的态度逐渐冷淡。

通常来说，女人婚外情多是为了填补情感上的空缺，而男人更多是寻求性方面的满足。在情人关系中，由于男人和女人出发点的差异，许多在婚外寻觅情感寄托的女人，如果不够洒脱，就极易陷入失落之中。

我表面上写的是情感，实则探讨的是人内心深处的孤独。日本作家江国香织曾说："我像独身女人一样自由，像已婚女人一样孤独。"年轻的时候，很难体会到这种婚姻内的孤独，因为年轻人正处于甜蜜恩爱的阶段。但随着年龄的增长，便能理解这种孤独感了。即便能陪伴孩子，过着平淡的日常生活，也会与他人交流，可内心深处的孤独感依旧强烈。吃饭、睡觉、上班，日常该做的事一样不少，可当那种孤独感汹涌来袭时，有的人就会去寻求理解、安慰，或是开启一段爱情，进而对某个人、某段关系逐渐产生依赖，一旦依赖形成，便容易失去自我。

无论处于什么年纪，女人都渴望拥有爱情。其实就是希望自己对一个人付出真心，同时对方也能懂得这份好，有所回应、接纳并互动。

而一旦建立起这样的关系，女性很容易萌生更多幻想，会思考和这个男人一起生活是否会更好。实际上，一个男人，如果不是极其深爱一个女人，或者在婚内的日子实在难以为继，他是不会选择离婚，并与婚外的女人组建新家庭的。

廖一梅在《琥珀》中写道：“善解风情是一种天赋，赏心悦目。但要在他们心里寻找真爱，就如同在沙漠中找水，找到了弥足珍贵，找不到，便渴死在路上。所有的爱情都是悲哀的，可尽管悲哀，依然是我们所知的最美好的事。”

《寂寞东京塔》里说：大龄女人更天真。我想补充一句：中年男人更现实。

婚姻对于女人而言，是一种消耗，无论这段婚姻多么幸福都是如此；而爱情才是对女人的滋养，即便过程痛苦也依然如此。女人或许没有实际发生的爱情经历，但内心一定要怀揣对爱情的向往，唯有如此，才能让自己始终保持一种积极的状态。正如杜拉斯所说：“爱是一种不死的欲望，是疲惫生活中的英雄梦想。”

只有爱情，能让人的内心变得柔软。爱情经历或许短暂，但至少在那一刻、那一程，你的心扉被打开。不要抱有过多不切实际的幻想，而是要明白自己真正想要的是什么。

至于该以怎样的态度对待这种感情，我觉得用《恋爱的犀牛》中的这段话来总结再合适不过：“爱是自己的东西，没有什么人真正值得倾其所有去爱。但爱可以帮助你战胜生命中的种种虚妄，以最长的触角伸向世界，伸向你自己不曾发现的内心深处，开启所有平时麻木的感官，超越积年累月的倦怠，剥掉一层又一层世俗的老茧，把自己最柔软的部分暴露在外。因为太柔软了，痛楚必然会随之而来，但倘若没有了对世界、对人最直接的感受，我们活着又是为了什么呢？”

第十八篇
情爱里最不需要做的，就是挽回

摘要：如果一段男女关系中，既没有婚姻的约束，也没有孩子的牵扯，仅仅是情感的问题，那么很简单：世界上任何一个男人都不值得你挽回，因为挽回的男人，只会更加肆无忌惮地伤害你。

这句话或许会得罪不少女性，但我还是决定在此直言：在恋爱阶段，世界上没有任何一个男人值得你去挽回，倘若你需要通过挽回来维系一段感情、留住一个男人，最终往往会输得更惨。顺带一提，所有的情感挽回机构，本质上都是在收割智商税。

这里所讨论的是恋爱阶段。倘若你们步入了婚姻殿堂，有了孩子，情况便截然不同，毕竟婚姻远比恋爱复杂得多。此时，关键并非挽回与否，而是如何与丈夫在婚姻中实现有效合作，明确自身的底线，而绝非低声下气地去挽回男人的感情。要知道，感情这东西讲究的是自然而然地萌生。若需要通过挽回的手段来维系，那就很难称之为感情了，至少不是真正的爱情。

当然，婚姻本身与爱情的关联并不紧密，婚姻涉及的因素更为繁杂。当你发现丈夫出轨，有了婚外情，甚至产生离婚的念头时，你所试图挽回的并非感情，而是一个完整的家庭、婚姻的形式，以及彼此在经济和育儿方面的合作关系，绝非感情本身。许多人误以为挽回就能留住男人的心，实则不然，真正想与你长相厮守的男人，根本无须你去挽回，更不需要你低声下气地去乞求。

最近，树洞里收到了一封来信，其中有一段内容是这样的："就像他说的，我傻得可爱，傻到以后自己回头想的时候会后悔和他有过这样一段感情。我何尝不知道自己傻，其实我什么都明白，清楚自己在他眼中无足轻重，不过是他短暂玩乐的对象。这次，我已不想再像前两次那样主动去求和了，我觉得我们回不去了，也不想重蹈覆辙、折腾自己。我知道自己心里依旧很在意他，看到他与其他女同事聊天接触，我内心真的很受伤，即便明知他们只是工作上的交流。我们以后会怎样？老死不相往来，多年之后便将彼此遗忘，是吗？”

当我看到信中提及男人删除或拉黑她，而她却两次主动去求和等内容时，便深知这个女人在这段感情中所处的被动地位。若为了挽回一个男人而如此卑微，实在毫无必要，毕竟世界上并非只有他一个男人。说得直白些，世界上有众多男性可供选择，虽说建立新的感情或许需要一些时间，但无论如何，挽回这一行为真的大可不必。

在情感层面，如果一个男人总是拉黑你、删除你，而你却一次次添加、求和，男人只是偶尔心软才与你继续维持关系，那么这样的感情关系不应再持续下去。因为在这种情况下，男人仅仅是不想放弃你这一性资源，甚至为此投入的情感价值都少之又少，根本不愿与你有深入的交流。但凡他对你稍有上心，都舍不得删除或拉黑你。

尤其是那些20来岁的年轻姑娘，一旦失恋，便想着挽回抛弃自己的男人。若真的这么做，从某种程度上来说，你的人生格局或许就会因此受限。说得难听点，此时轻易缴纳“挽回智商税”，便足以反映你的认知水平。

当然，这里所说的仅限于恋爱阶段，挽回婚姻并不在此讨论范畴。因为婚姻远比恋爱复杂，特别是那些共同生活了几十年的夫妻，早已形成生活惯性，对女人而言，此时要放下的并不仅仅是情感，生活惯性就足以让她难以割舍。在这种情况下，借助心理咨询帮助自己度过艰难时期十分必要，但决不要低声下气地挽回男人，而是要让自己变得更加独立、强大，同时思考如何在婚姻中实现更好的合作。

如果男女关系中既无婚姻约束，又无子女牵绊，仅仅是情感问题，那么处理起来其实很简单：世界上没有任何一个男人值得你去挽回，因为挽回的男人，大概率会变本加厉地伤害你。

第十九篇
属于你自己的忧伤，就当它是一种安慰

摘要：

太阳，照在街上，却不要给我爱抚。幸福什么时候来？从哪条路？

一刻一刻，最终成了几个月对佳期的渴望。

我犹豫不决，那么多次想你。而你谁也不想！

我没有通往对岸的船，也不知道有没有河。

啊！你的形象，红颜易老，可我感到寒冷。

我不认输，我不决定，我哭着想要……

总是我！噢，命运，请把你忘了的属于我的给我！

今天我又一次埋葬了梦，明天将到来，我因为嘲笑而变得忧伤，不是立即！

陡然的微风轻轻吹拂已然死去的花，欢呼一个未曾有的美好，无痛的空虚。

伤心如果是伤心，无穷无尽，就当它是种安慰，

像疯母亲仍然在怀抱中，摇晃着死婴。

——佩索阿《忧伤的歌》

在我听过的诸多故事中，有一个令我印象极为深刻。故事中的她说道，自己就如安娜·卡列尼娜一般。她在婚姻中有着优渥的物质条件，可内心却对丈夫毫无爱意，那是一种彻彻底底的无爱。然而，她又极度渴望真挚的感情，满心期待着有个男人能将她从这段无爱的婚姻中解救出来。于是，她经历了一段又一段婚外情。在每一段感情里，她都坚信自己深爱着对方，而起初男方也给予了她充足的情绪价值。但遗憾的是，每一段感情最终都没能修成正果。到了如今，她不禁有些失落，开始思索：爱情究竟是什么？难道男人的爱情都这般现实吗？当初信誓旦旦说爱她的人，到最后却无力承担责任。她满心疑惑，为何自己只是想要一份平凡的爱情，却始终求而不得？

很可惜，有些人所追求的事物，或许终其一生都难以企及，尤其是爱情这种东西。许多人在言语和行动上都能表现出对你深深的爱意，可这并不意味着他们就适合与你共同生活。倘若对方性格温和，或许还能勉强相处；但要

是遇到性格极端的人，到最后甚至可能反受其害。曾经爱得有多炽热，分开时就有多痛苦。

我对她说，你所追求的那种能与另一半幸福相伴一辈子的爱情，可能根本就不存在。若你想要安稳的生活，倒不如回归原本的婚姻。毕竟，对孩子而言，你是母亲；而你的丈夫给予了你极大的自由。你只能退而求其次，在稳定的婚姻中，争取保有一定程度的自由，继续生活下去。

有些忧伤，只适合在离别拥抱的瞬间体会，绝不能成为长久相伴生活的理由。就如同我树洞来信者中那些处于情感高峰期的男女，常常纠结是否要生活在一起。其实，拥有拥抱时刻的那份忧伤就已足够。倘若真的生活在一起，被诸多琐事牵绊，或许反而不如感受那一刻的美好。只是当局者迷，他们总认为爱就必须长相厮守，却不明白，爱其实还包含着见面时的满心期待、拥抱时的喜悦欢愉、分别时的淡淡忧伤，甚至是一生都难以释怀的牵挂，等等。爱并不那般狭隘，而应有更加丰富的内涵。我们与有过亲密关系的人分开后，或多或少都会带着些许忧伤的情绪。但奇妙的是，下次见面时，心中又会涌起一丝期待。如此探究人心，实在是一件饶有趣味的事情。我始终觉得，人是极有趣的动物，这些细微的情感变化，虽然往往就在转瞬之间，却充满了魅力。

就像开头诗歌所写：“一刻一刻，最终成了几个月对佳期的渴望。我犹豫不决，那么多次想你。而你谁也不想！”这些情绪都源于你自身，或许对方什么都没想过。但对你而言，在深夜，在激情过后分开的夜晚，内心就会泛起情绪波澜，这一切都是因为你的情绪、你的忧伤在作祟。

深入了解自己的这些情绪，同样是一件十分有趣的事。所以，我们又有什么理由不去好好体验一番这丰富多彩的爱情滋味呢？

第二十篇
纵使虚假，我也想要

先推荐一首诗歌：

不知为何，明明想和你说话，却骗你说，风雨正好，该去写点诗句。

不必嘲讽我，你笑出声来，我也当是天籁。

不必怀有敌意，你有所心计，我都当是你对我的心意。

我的宿命分两段：未遇见你时和遇见你以后。

你治好我的忧郁，而后赐我悲伤。

忧郁和悲伤之间的片刻欢喜，透支了我生命全部的热情储蓄。

想饮一些酒，让灵魂失重，好被风吹走。可一想到终将是你的路人，

便觉得，沦为整个世界的路人。风虽大，都绕过我灵魂。

——西贝《路人》

女人在感情中往往有着一种颇为奇特的心理，那便是，即使明知某些情感虚假不实，却依旧心生向往。之所以谈及这个话题，源于我在树洞里收到的一封来信，其中有这样一句话："前期我也给您写过两次信，讲述我婚外的那个人如何，其实自己心里也清楚他并非良配，可时至今日仍未断绝关系。这是为什么呢？没有谁比我更明白，哪怕是虚假的、虚幻的感情，我也喜欢，也想要，因为婚内的那个人连虚假的、虚幻的感情都懒得给我。"

这句话深刻道出了许多陷入感情困境的女人的无奈——"虚假的、虚幻的感情，我也喜欢，也想要"。为何会这样呢？因为男人至少在获得性之前，还是愿意付出一些情绪价值的。即便清楚这些可能并非真心实意，但真真假假交织，总好过长期处于情感荒芜的状态。

虽说很多女人憧憬一生一世一双人的爱情，向往忠贞不渝的情感关系，但实际上，当婚姻或爱情出现裂痕，女人开始以权衡利弊的心态去考量问题时，她们的态度并非绝对的非黑即白。

这种情况不仅在婚姻中存在，在婚外亦是如此。当女人意识到自己无法独占一个男人时，她们在意的是什么呢？答案是男人究竟更爱谁一些。

我在树洞里常常收到来信，其中不乏讲述女下属爱上男性领导的故事，而这位男性领导往往与诸多女下属存在情感纠葛。来信的女主并非真的一心想要与男人断绝关系，而是纠结于男人到底更爱自己，还是更爱其他女同事。她们内心更多的是不甘，并非要求男人绝对地只属于自己。因为女人心里明白，自己难以做到独占对方。所以，她们仅仅希望男人能更爱自己一点。甚至，有些女人只求男人心中能有自己的一席之地，而不强求男人完全属于自己。

所以说，女人并非不清楚男人情感中的虚假成分，但在这真真假假之间，只要能感受到男人真心在乎自己、真心爱自己，至少在相处之时对自己用心，多数女人便会感觉好受许多。

毕竟有些男人，连这虚假的情感都吝啬给予，尤其是婚姻中一些情商极低的男人，能够做到不吵架就已然不错，更别提说些动听、温柔的话语了。就如同开头那位女主来信中的后半句“婚内的那个人连虚假的、虚幻的感情都懒得给我”，这才是真正让女人感到绝望的。

说到底，婚姻中的女人所求并不多，不过是男人多一些理解，情商高一点，懂得迁就罢了。婚外的女人亦是如此，为何许多人多次闹分手，最终却未分开呢？原因就在于男人会哄人。别看只是一个简单的“哄”字，许多男人只要擅长此道，基本上在情感领域就能如鱼得水。看似简单的“哄”，却能让众多女人感到满足。

正如这句诗：“不必怀有敌意，你所有心计，我都当是你对我的心意。”即便你要了些心眼，女人也会将其视为你对她的心意。

所以，许多女人真正渴望的并非绝对专一的爱情，而是成为男人更爱的那一个。因为一旦失去对方，她们便会陷入迷茫，不知该去爱谁。女人内心深处真正惧怕的是：一想到终将成为你的路人，便觉得仿佛沦为整个世界的路人。她们实在不想与那个人形同陌路。

第二十一篇
主动的女人，更好命

我读完小说《背对世界》后，最大的感受是：当一个女人在性爱和婚姻方面都能主动做出选择时，她获得幸福的概率往往会更大。

《背对世界》是一个完全从女性视角展开的故事。1962 年春天，中学刚毕业的弗兰齐斯卡离开父母，前往慕尼黑上大学，那时她年仅 19 岁，对情爱毫无经验。她渴望体验情爱，然而身边却没有合适的对象。她约会过几个男生，结果都不尽如人意：有的有口臭，有的举止粗俗，还有的笨手笨脚。好不容易遇到一个她觉得还行的，最后却发现对方性无能。她认为自己的第一次应该交给一个经验丰富、能给她带来美好体验的男性。最终，她遇见了海因里希，一个情场老手。她第一眼见到海因里希，便感觉自己的荷尔蒙瞬间迸发，认定就是他了。两人相约去一个小镇约会，弗兰齐斯卡在整个过程中表现得极为娴熟。但在真正要进行亲密行为时，她向海因里希透露了自己的秘密：她没有性经验，他将是她的第一个男人。

身为情场老手的海因里希听闻后吓坏了。他说道："我有过不少女人，但还从没遇到过一个处女。大多数男人偏爱处女，我可不。我碰到处女就溜了。要么开溜，要么运气好没碰到。真该诅咒，现在你冒出来了，你这个小女大学生。"

不过，两人经过一番调整，还是共度了美妙的 10 天。海因里希堪称"师父"，他熟知男女间亲密行为所有可能的方式，没有任何障碍、恐惧与做作。一切皆有可能，一切都被允许。就这样，两人相处了 10 天后便分开了。在即将分开的那一刻，弗兰齐斯卡有一丝伤感。但她伤感的并非对海因里希爱或不爱，而是害怕自己失去爱的能力。

他们给彼此带来了有益的经历，此刻即将友好分手。若说她有一丝遗憾，那也是对这段关系意犹未尽，而非因为海因里希显然不爱她。她虽然害怕自己会丧失爱的能力，但很快就驱散了这种恐惧，准备平静且轻松地与他分手。

当一段关系是她主动选择结束的时候，她后悔的可能性就会更低。因为她清楚自己的需求，而且经过了深思熟虑。至少她知道与这个人相处能得到什么，比如获得亲密关系的体验、缓解自己内心的焦虑，这本身就是一种收获，她不会觉得有什么可惜的。

46 岁那年，弗兰齐斯卡去看望海因里希。当时她正在出游途中，恰好路过海因里希所在的小镇，便想去看看当年给自己带来美好体验的男人如今过着怎样的生活。

其实，这次看望也是她主动的选择。当她听到乘务员报站，听到乌尔姆这个名字——海因里希所在的城镇时，她心动了。此时的她已不再是当年那个充满冒险精神的女孩，而是一位身着阿玛尼服装、戴着钻戒和贵重手表的成熟女士。而这时的海因里希已经 62 岁，单身。

两人见面后，愉快地交流，并在当地最贵的酒店订了一间套房，费用是弗兰齐斯卡自己出的。随后，他们一起住了 5 天。弗兰齐斯卡对这次相处的感受是：出色的情人永远是出色的情人，哪怕他曾有一段时间没有恋爱经历。

两人最终分手，这大概是他们最后一次见面了。他们俩笑着吻别，弗兰齐斯卡知道，这次真的是最后一次了。她此次主动选择来见这个男人，在某种程度上算是还了当年的一个心愿，同时也让海因里希重新找回了作为男人的自信。

这是一个以女性视角展开的故事，男性的出现都是为了服务女性。而作为主角的女性弗兰齐斯卡，无论是在感情还是婚姻的选择上，始终都是主动的。她既不被动等待男人来追求，也不会因为与男人有了亲密关系，就觉得自己是受害者。

在这一系列主动选择的过程中，我们可以发现，弗兰齐斯卡在人生中，因情爱遭受的挫折和痛苦相对来说少很多，而她在爱与性方面的体验，却一样都没落下。

第二十二篇 女人最想要的，是价值的肯定

在两性关系中，最大的伤害莫过于价值否定，而在婚姻关系里，这种价值否定的危害更为致命。有一封来信这样写道：平心而论，他并非坏人，有责任心，只是大男子主义，且毫无情趣爱好，是个极为无趣的人。和他在一起，我感受不到生活的快乐与幸福，可与女儿相处时，我们都感到轻松愉悦。他一回家，家里的气氛便瞬间压抑起来。他心情不好时，见不得我们嬉笑，开不得玩笑，还常常一本正经地把我和女儿气哭。后来，我连哭都哭不出来了，变得无所谓，既不生气也不计较。我开始做自己喜欢的事，比如跑步、做瑜伽、画画、写诗、摄影。然而，每次我做

这些事，他都要打击我，以至于多年来，有些爱好我都不敢再触碰。

有些人秉持着一种奇怪的逻辑：倘若自己不开心，就一定不让身边的人开心；自己不幸福，也不会让最亲密的人幸福，而不是当自己心情不好时，看到身边人开心，也能跟着开心起来。并且，这种情况通常是以男性否定女性居多。正如《婚姻：挑战》中所提到的：“通常，女人对男人的爱好和活动产生兴趣，会比相反的情况容易很多。当一个女人喜欢一个男人时，她会跟从他的引导，去享受甚至被认为男子气的兴趣，并不会觉得自己的威望受到了威胁。只有当丈夫的嗜好导致他和妻子产生距离，并且丈夫不让妻子分享他的乐趣时，妻子才可能会怨恨他的爱好和活动。”

有些女性在婚姻中找不到价值感。那种被认可、被需要、被关注的价值感完全缺失，她们仅仅作为养育孩子的母亲，或者婚姻合伙人存在于一段关系中。在一段关系里，如果你的价值感在对方心中不断被否定，甚至让你开始怀疑自己的价值，那么你会备受煎熬。承认一个人的价值，远比简单的一句“我可以赚钱养你”更重要。你可以独自悲伤，但要允许他人欢笑；你可以自己承受诸多事情，也可以选择分享出来，不过要允许他人选择接纳与否，允许他人拥有自己的欢乐。绝不能用自己的悲伤去绑架最亲密的人。两性关系中充满了各种挑战，两个人若能走得更远，必定是因为彼此都感受到自身价值得到了更好的体现。

价值感是一种神奇的存在，无形地贯穿于我们的生命之中。被需要、被关注、被索求，都是自身价值感的体现，甚至在性方面，若有人取悦自己，同样也是价值感的一种表现。倘若我们能明白价值感对每个人的重要性，在两性相处中，尤其是在婚姻关系里，就应尽量避免打击对方最看重的事情。比如，绝不能对全职妈妈说“你全职带孩子，却连孩子都没带好”。这世上，没有几个人能够忍受长期处于价值感低下的生活状态。

第二十三篇
女人的自我接纳，比男人的爱更重要

树洞里常常收到这样的来信：为什么有些人看似婚姻很幸福却依然会出轨？是不是因为我做得不够好，男人才会出轨？是不是我足够优秀了，男人就会围着我转？是不是我有足够多的钱，就会有众多女人喜欢我？等等。

首先需要明确，任何情感关系，尤其是婚姻，都是两个人的事。简单来说，你是独立的个体，对方也是。对方是否忠诚，与你是否优秀毫无关联。

倘若因为男人出轨了，女人就觉得是自己做得不够好，认为自己不够优秀，那完全没有必要。要知道，即便女人美若天仙、富甲一方，男人依旧可能出轨，依旧可能产生其他感情。

在两性关系中，什么才是最重要的呢？答案是个人的自尊、自信以及接纳能力。自尊，即自我认知与自我肯定的能力。要坚信自己很出色，相信自己值得被爱，要明白任何打压你、试图让你屈服的关系，都源于对方的不自信。

许多女性总是习惯降低自己的自尊去迁就一段关系，以为只要自己迎合对方，对方就会更爱自己。但事实并非如此，降低自尊不仅无法换来对等的爱，还会让自己陷入一种更贬低自尊的生活模式。

这类女孩子的自尊水平较低，认为只要满足男人的欲望、对男人言听计从，就能获得男人的青睐，或者让男人多花些时间陪伴自己。然而，这是不可能实现的。

社会世俗，甚至很多父母、长辈在教育女孩子时，都在传达这样的观念：女孩子要降低自尊去迎合男人。例如，他们常说“男人都是这样，你迁就他一下就好了”“男人嘛，就是如此”。我们的两性教育不断向女性灌输一种思想：只要降低自尊，男人就会爱你，婚姻就能安稳。

很多女性总是习惯将别人的错误归咎于自己，总认为“要是我……男人就不会离开我了”。但实际上，无论处于何种感情关系，也无论对方如何行事，女人都应坚守自己的自尊。即便男人出轨了，也并非因为女人做得不好，他只是单纯想出轨罢了，与女人是否优秀并无太大关系。所以，停止那些自我攻击和无休止的自我反省吧。

拥有自尊，意味着内心强大、自我价值感高，能够满足自己的情绪需求。遇到心爱的人，可以自然而然地敞开心扉；遇到伤害自己的人，也能够消化与接纳，停止自我攻击，明白并非自己不够好，只是彼此不合适；即便在两性方面犯了些小错，也无须全盘否定自己，具备重新调整的能力；面对他人的否定、贬损、挖苦甚至辱骂，内心不会受到伤害，自尊也不会因此而降低。我相信，只有这样的人，在两性关系中才能做到从容不迫。

第二十四篇

懂得自我觉察的女人，能更好地保护自己

我写过这样一句话：世界上的人分为两种，一种拥有自我觉察能力，另一种则没有。在亲密关系中，自我觉察为何至关重要呢？因为一旦具备自我觉察能力，你便不会盲目地相信爱情，不会仅仅因为某个人在某个时刻对你好就深陷其中，而是会全面考察一个人的整体人格。

在亲密关系里，伴侣并非只需要在某一方面表现出色就足够。重要的是在与这个人长期相处的过程中，你们能够相对平和地共同度过诸多艰难时期。

例如，树洞里有些来信提到，为何有些人总是反复爱上同一种人，最终还是受到伤害。这是因为她们自身存在很大的问题，她们喜欢极端的人，只有在极端的爱中，才觉得自己被爱着，她们追求那种极致的感觉。然而，那些能在情绪和情爱上带来极端感觉的人，可能在其他方面存在重大缺陷。当关系走向破裂，双方撕扯时，会带来更大的伤害。倘若步入婚姻，可能引发更激烈的冲突，局面也会更加不堪。如果她自身的整体人格存在问题，那就别指望能遇到一个相处起来相对舒服的伴侣。

若想让亲密关系始终保持良好的体验，需要双方都拥有相对完整的人格，同时具备爱的能力，而不仅仅是凭借某个时刻荷尔蒙的冲动，或者某个时刻释放出的极端情绪。理想的状态是，对方能让你感到安心，其整体人格让你放心，无论未来遇到何种困难，都不会使你陷入难受的境地。只有这样，你们的关系才能保持相对平稳。

在我从事咨询工作的过程中，当描述这些基本的人格特征时，我清楚地知道，我是在运用自我觉察能力保护自己。当你察觉到自己不喜欢什么样的人、什么样的关系时，自然而然就会屏蔽那些可能影响你情绪的人。

在实际的交流与交往中，你或许偶尔会碰到那样的人，但你不会让这类人进入你的私密空间，也不会让他们涉足你的亲密关系。因为你深知，这类人在关系破裂时的纠缠，会消耗你的精力，所以这是很好的自我保护方式。

倘若你具备自我觉察能力，自然能够分辨出哪些人值得深入交往，哪些人只须泛泛之交，哪些人你连交流的兴趣都没有。所谓三观一致的人，更多是通过自我觉察能力筛选出来的。经过筛选后，你所交往的人，即便是其中最不理想的，也不会差到哪里去，因为你对对方的整体人格有大致的了解。

但是，如果你缺乏自我觉察能力，就很容易只关注一个人表面呈现的东西，比如他对你好不好、长得帅不帅、工作是否出色等。这些外在因素会蒙蔽你的双眼，而只有自我觉察能力才能帮你看透一个人的本质，预见一个人未来的无限可能性。

在婚恋中，这种自我觉察能力能很好地保护你。它并非让你寻找一个完美的人，而是帮你找到一个至少能与你融洽相处的人。甚至到最后，即便激情不再那么浓烈，但与这个人相处也不会太糟糕。而那些整体人格存在严重缺陷的人，无论当初你爱得多么炽热，最终可能都会让你们的关系变得一团糟。

当你拥有了这种能力，在未来的工作、生活以及情爱中，自然会排除那些可能给你带来伤害和内耗的人，从而很好地保护自己。

去和能够与自己产生情感共鸣的人交往，在情爱方面，你自然能够获得更好的体验，而不是陷入一段看似热烈，实则不断消耗自己的关系中无法自拔。这一切，都源于你具备自我觉察的能力。